# リーダー1年目からの教科書

辻 秀一

ぱる出版

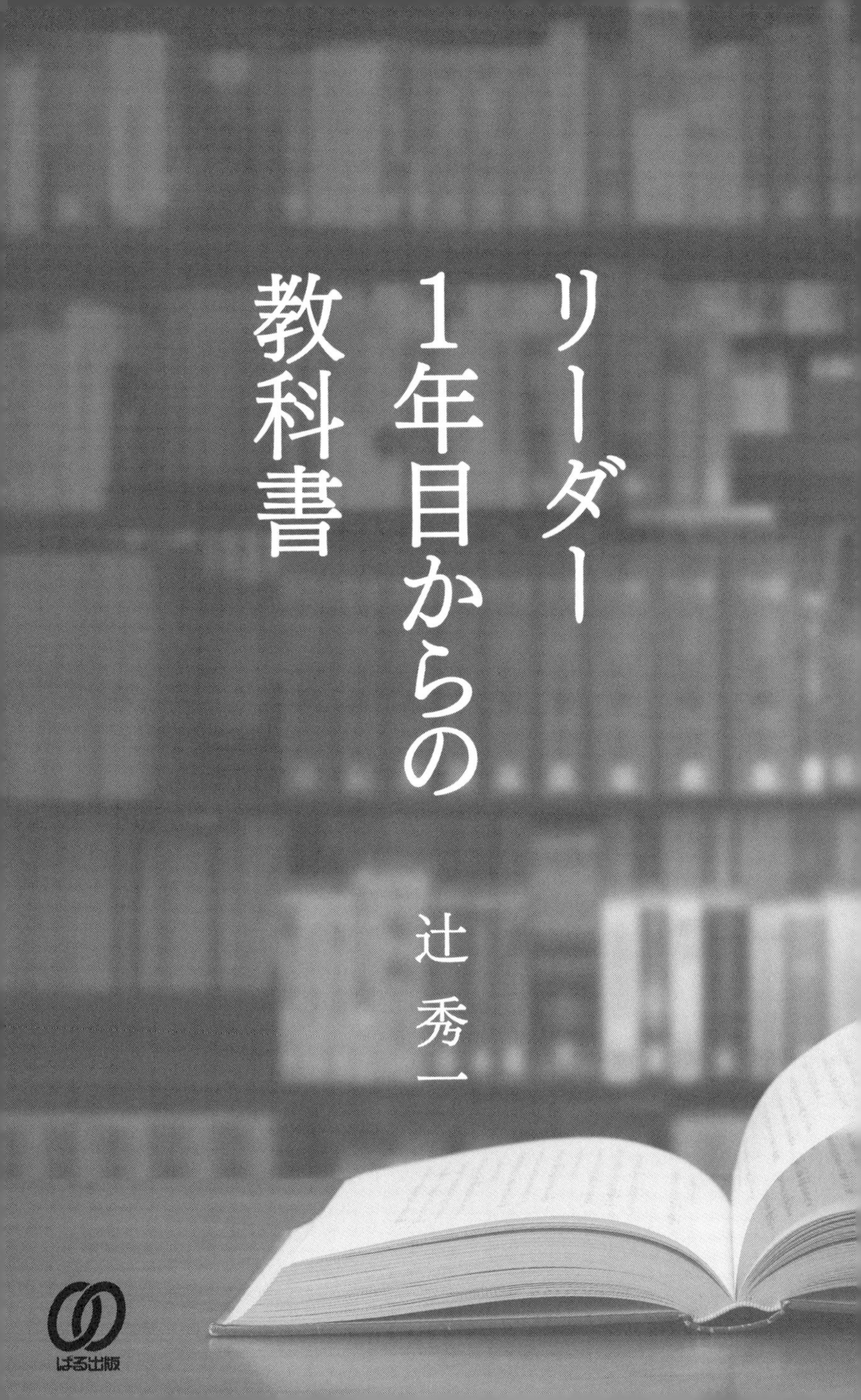

# はじめに

はじめてリーダーになる人。
これからリーダーになる人。
リーダーになって努力はしているが、空回りしている人。

本書を手にとっていただいて、ありがとうございます。スポーツドクターの辻秀一です。
さて、みなさんはリーダーと聞いて、どのようなイメージを持ちますか？　生まれつきのカリスマ性と圧倒的な実力を持ち、周りをグイグイと引っ張る人ですか？

そういった**「強いリーダー」像は過去のものです。今のリーダーはチームを「引っ張る」のではなく、チームが「ついていきたい」と思うリーダーでないと成功しません。**では、どんなリーダーがチームに慕われるのでしょうか？
私が提唱する新しいリーダー像は「しなやかなリーダー」です。

しなやかなリーダーは、リーダーとしての自分を誇示しません。そんなことをせずとも、チームはその人をリーダーと認めています。

しなやかなリーダーは、チームに努力を強要しません。そんなことをせずとも、チームは自ら一生懸命を楽しみます。

結果、しなやかなリーダーは、ムリせず成果を出すようになります。

**成果も「手にいれる」というより「ついてくる」**のです。

本書では具体的なマネジメント技術にもページを割いていますが、基本はリーダーとしての心構えを説明するようにしました。それは、心構えこそがどんな事態にも応用できる、仕事の原理原則だと思っているからです。

私はメンタルトレーニング専門のスポーツドクターとして、多くのアスリートや経営者を見てきました。そして、そのメンタルメソッドは企業にも採用され、多くのビジネスマンをもサポートしています。

本書には、今まで私が研鑽《けんさん》してきたメソッドのありったけを注ぎ込んだつもりです。

少しでも、悩めるリーダーや志のあるリーダーの一助になれば光栄です。

# 目次

## 第2章　スポーツ界のリーダーから学ぶ

## 第3章　考える力・実行する力

## 第5章 指示する力

## 第6章 心を支援する力

カバーデザイン　長坂勇司（ナガサカデザイン）

# 序章

# しなやかなリーダーとは

1

introduction chapter

# しなやかなリーダーは、継続性を大切にしてムリを嫌う

仕事は長期マラソン。ムリをしてその場限りの成果を出しても、体が壊れたら意味がありません。継続性を保ちつつ、成果を出せるように考えましょう。

## 自然体のリーダー

今しなやかなリーダーが求められています。しなやかなリーダーとは、一言でいうと自然体のリーダーをさします。

では、自然体のリーダーとはどんな人物なのでしょうか？

どうすれば自然体で生きていけるのでしょうか？

自然体だとなぜよいのでしょうか？

本書ではこれらの疑問に、スポーツ界のリーダーのあり方や、スポーツ心理学・フロー理論をもとにした私なりのメソッドで答えていきます。

ここで、しなやかなリーダーに共通するキーワードをいくつか紹介します

ひとつは「パフォーマンス」です。しなやかなリーダーは自分だけでなく、部下や選手のパフォーマンス、そしてチームや組織のパフォーマンスを十分に引き出すことができま

す。

大切なのは、それをムリに行うのではなく、自然に行える点です。

ムリせず行える理由については、本編より詳述します。

もうひとつは、「心の仕組み」です。しなやかなリーダーは、心の状態など見えないものを大切にして生きています。定量化できない、数値化できない、見えないものを重んじているということです。ただ「重んじる」というだけなら誰でもできます。真に大切にしているということが、彼らに共通している点です。

真に大切にしているというのは「大切だ」と言葉にするだけではいけません。よりよくするための努力を日々行うことで、初めて「大切にしている」といえます。

本書では人のパフォーマンスとは何か、心を大切にするとは何かを中心に、リーダーの本質にせまっていきたいと思います。

また、自然体のリーダーはサステイナビリティー（維持継続性）があります。彼らは一過性のパフォーマンスを求めません。それはどんな時もムリをしないからです。

しなやかなリーダーは、その維持継続性を自分だけではなく、周りやチームにもたらします。

そうして、チームの成果を引き出していき、変革対応力のある強い組織を導きます。

いくら仕事で結果を出しても、自分の体に支障をきたしたり、人間関係の悪化を招いては意味がありません。

しなやかなリーダーは自身も健康、さまざまな人間関係も良好です。それでこそ、維持持続性はもたらされるのです。

## 生まれながらのリーダーなどこの世にいない

ここで、次のように思う読者もいるでしょう。

「そんなことをできるのは一部の選ばれしリーダーでしょ！　凡人の私にはできない！ムリをしないとリーダーなど務まらない！」と。

それは違います。

新時代のしなやかなリーダーになれる可能性は、誰でも秘めています。**生まれながらのリーダーなどこの世にいません**。まずは本書を読んで、人間のパフォーマンスや心の仕組みを正しく理解しましょう。

知識をつけたら次は実践です。日常のなかで、あなたは日々試されています。ストレスや困難で心や行動がこりかたまることも起きるでしょう。そのときこそ、逆にチャンスだと思って本書で書かれていることを実践してみてください。はじめは意識することが必要ですが、繰り返し行えば自分のものにすることがきっとできます。

しなやかなリーダーの人生は、人間になら誰にでも備わっている「人間力」を体現した生き方といえるでしょう。反対にいえば、人間なら誰でもしなやかなリーダーになれるということです。本書を参考に自分のリーダーシップを磨き、自他ともに豊かな人生を送ってほしいと心から願っています。

# 第1章

# パフォーマンスを知り抜く

chapter 1

# しなやかなリーダーは、パフォーマンスの本質を知っている

パフォーマンスの高い人は、例外なく心の状態に気を配っています。心の存在と価値に気づいているリーダーはチームをうまく動かせます。

## パフォーマンスとは生きること

パフォーマンスを発揮する
パフォーマンスが悪い
パフォーマンスを出せ

という言葉を日常でもしばしば耳にしますが、パフォーマンスとは一体何なのでしょうか？

パフォーマンスとは、観客の前で歌うこと、演技をすること、笑いをとること、アスリートの試合プレイ、音楽家の演奏などをさすのではありません。**パフォーマンスとは日本語でいえば「行動のすべて」**をさします。そして、人間にとっての最大の行動は生きることです。私たちは死ぬまで生きるというパフォーマンスを続けるのです。どんな人もそこに例外がありません。死ぬまで生きるのです。

パフォーマンスに関心があるというのは、生きることに関心があるのです。パフォーマンスを大切にするとは、生きることを大切にすることです。

この**生きるというパフォーマンスは、「内容」と「質」で構成**されています。

生きれば何かをしているので、そこには必ずパフォーマンスの目に見える内容が存在しています。

一方で、どんなパフォーマンスもそれを行うのは人間です。そこには、なんらかの心の状態があります。その心の状態が、パフォーマンスの目に見えない質を決めています。たとえ仕事でよい成果をあげていても、メンバーの心がボロボロなら「質」がよいとはいえません。

多くの人はパフォーマンスを考えるとき、その内容は意識していますが、質は意識していないのがほとんどです。しなやかなリーダーはそこが違うのです。

内容だけではなく、見えない質、つまり**心の状態も大切に生きようとしているのが本書で述べるリーダー**といえるでしょう。質を大切にしているからこそ、いきいきした心の状態が自身にもチームにもやってくるのです。

この生き方の秘密を、本書では解き明かしたと思います。

何をしているかによって、パフォーマンスを区切ることはできません。生きるというのはいつも何をするのかの内容があって、それをどんな心でやるのかという質があります。パフォーマンスとは、内容と質の両輪で成りたっているのです。

## パフォーマンスとは時間そのもの

つまり、**パフォーマンスは実のところ時間そのもの**ともいえます。

時間は死ぬまで存在します。時間には必ず何をしているのかの内容が存在するからです。何もしていないという時間はありません。たとえ何もしていなくても、「何もしない」ことを自分が決めてやっているのです。時間といえば、まずは内容です。

一方で、その時間をすごしているのは他ならぬ我々人間です。つまり、必ずそれをどんな心ですごしているのかの質が存在しているのです。すなわち、生きることも、パフォーマンスも、人生の時間も、内容と質でできあがっているのです。

内容のない時間を送っている人はいないのです。自分ではそのことに気づきにくいでしょう。

## パフォーマンスは「内容」と「質」で成り立つ

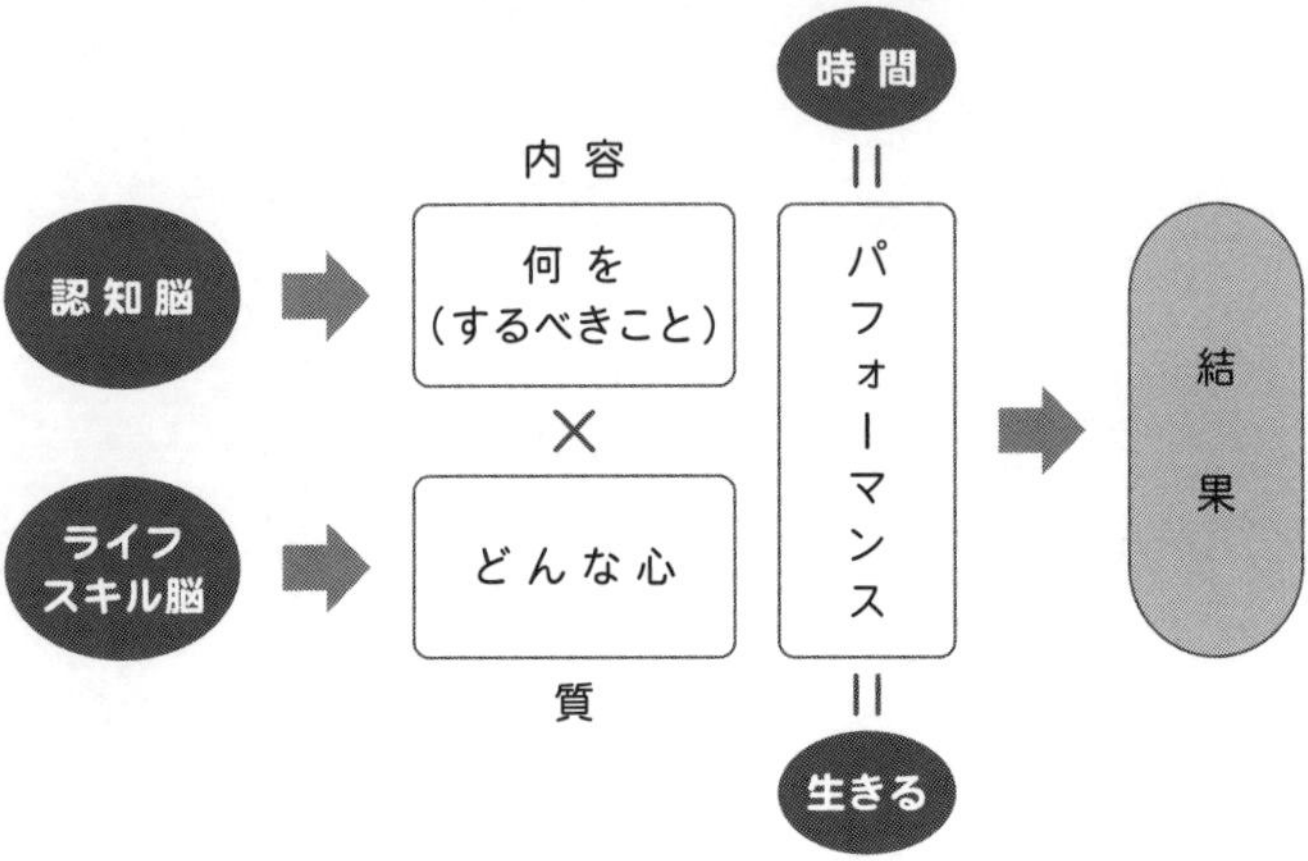


しかし、必ずそこには、何らかの心の状態が存在しています。それがその人の行動、生きるの質を常に決めているというわけです。ないのではなく、気づきにくいのです。

リーダーシップのある生き方をしている人は、この人間の仕組み、生きると時間の構造を熟知し、自らこの仕組みにのっとって生きているのだと思います。

2

chapter 1

# しなやかなリーダーは、PDCAサイクルを回し続ける

リーダーは常に選択をせまられます。「何をすべきか」を考えるのに最適なツールがPDCAです。

## 「するべきこと」をする

パフォーマンスすなわち時間の内容を考えることは、人間だけの固有の脳機能です。動物は、生命維持のためにしか生きることができません。そのためだけに脳が使われています。

一方で、人間だけが**生命維持以上の行動を考えて実施していきます。そのための脳機能が備わっているからなのです。この脳機能を「認知」と呼び、この機能を司る脳を認知脳**と呼称します。動物はこの認知脳が優れていないので、文明を発展させることができないのです。

これらすべては、認知脳が考案した生きるための戦略といってよいでしょう。火を起こす、電車を走らせる、会社をつくる、すべては人間だけが行う人間固有の行動の内容です。この行動の内容を進化させるべく戦略を立て続けているのです。この文明発展のための認知脳の機能は、とどまることなく進み続けるでしょう。

この認知の世界で生き続けるため人間は

何をするのか

何ができるのか
何をするべきなのか
を常に考えています。この認知脳を磨いて「するべきこと」をしていくことが、人間としての重要な役割です。認知脳は教育によって、読書によって、経験によって学んでいく「脳力」です。だからこそ、人間だけが教育を受け、読書しているのです。

## PDCAは戦略思考に最適

戦略のための認知脳はどのような脳機能なのか？

それは「するべきこと」を考える脳です。そのための代表的な脳機能が、「目標設定」や「目標管理」です。目標を明確にすることで、私たちは「するべきこと」をはっきりさせます。そして、「戦略」を立てて生きていくことができるのです。私たちは、未来の目標から計画を立てて「するべきこと」を導くだけではありません。それによって生じた事実を、過去として反省して「するべきこと」につなげていく能力があります。

その能力を、私たちはPlan Do Check Action、すなわち「ＰＤＣＡサイクルを回す」

と呼んでいます。ＰＤＣＡサイクルという高等な認知脳を回して、ビジネスやスポーツをしていくのは人間だけの活動です。

これらの考える力は、学校の勉強で考えるというのだけでは不十分です。考えるには知識とその習慣が必要です。教育や読書はそのためのものです。知識がない人は、答えのない日々の生活で、「何をするべきなのか」を考えることができないでしょう。だからこそ、色々な知識を持つことが大切なのです。

もちろん知識だけではダメです。その知識を最大活用して、常に「何をするべきなのか」を考える「習慣」が何よりも重要なのです。教育とは考えるための知識を得て、考える習慣をもたらす認知脳の鍛え方のひとつといえるでしょう。目標管理もＰＤＣＡもそこから生まれた実践的な戦略脳の使い方なのです。

さらには戦略脳の使い方として、優先順位を考えるというのもあります。有限の時間の内容を決めて何をするのかを考えるためには、優先順位が重要です。人生には限りがあります。何もかもできるわけではありませんので、目標設定やＰＤＣＡサイクルを回しながら優先順位を考えるのも、重要な戦略思考のひとつです。

それ以外にも私たちが戦略を立てるために重要な脳機能のひとつが、「原因と結果思考」です。そのできごとはなぜ起きたのかの原因を分析して、「するべきこと」を明確にしていくことはとても重要です。常に時間は流れているので、過去や未来が存在しています。目標や計画を未来から、反省や原因分析を過去から考えて「するべきこと」を明確にしていくPDCAサイクルこそが、リーダーが持つべき戦略思考です。

結局、リーダーは戦略思考のための認知脳が優れています。自分自身のパフォーマンスを高め、周りのパフォーマンスを引き出すために何をしなければならないのか、を思考する力があるのです。

しなやかなリーダーの大きな柱のひとつに、この認知脳のシャープさがあります。

chapter 1

3

# しなやかなリーダーは、心がパフォーマンスの質を左右することに気づいている

うまくいかないことも多いのが仕事。しかし、イライラ、がっかり、残念、悔しい、不安といった負の感情は、すべてのパフォーマンスの質を下げます。

## 心からは逃げられない

さて、パフォーマンスや時間の質を高めていくには、どうしたらよいのでしょうか。

まず、心の状態がいつも存在しているということに、気づくことが必要です。心の状態は見えないので気づきにくいのですが、概念として必ず存在しています。

さて、概念として心の状態を表現する言葉にはどのようなものがあるでしょうか。

自信がある、集中している、イライラしている、がっかり、わくわく、残念、悔しい、不安、ドキドキ、やる気、楽しい、ハッピーなどなど、これらはすべて心の状態を表現した言葉です。私たち人間は、何かをしているとき必ず何かしらの心の状態を持って、実行しているのです。**生きているすべての瞬間に何をしていても、心の状態が存在しているる**のが人間です。

もちろん、心の状態がはっきりしないほど弱い場合もあります。それでも心の状態がないのではないのです。人間の心には3つの法則があります。

ひとつめは、心の状態がどんな人にも、どんな時も、どこにいても、何をしていても、存在しています。それは心の状態を脳がつくり出しているので、生きている限り心の状態があるのです。

ふたつめは**心の状態には（程度の差はあれ）すべてはフローな状態かノンフローな状態しかない**ことです。先ほどさまざまな心の状態を列挙しましたが、自信がある、集中している、ワクワクしている、やる気がある、楽しい、ハッピーなどはすべてフローという心の状態を表現した言葉です。

一方でイライラ、がっかり、残念、悔しい、不安、ドキドキなどはすべてノンフローという心の状態を表した言葉です。

フロー状態とノンフロー状態については、後に詳しく述べたいと思います。

そして、みっつめの法則が**フロー状態に傾くと人間の機能が上がり、パフォーマンスの質が高まることです。逆にノンフロー状態に傾くと人間の機能は下がり、パフォーマンスの質は落ちる**のです。しなやかなリーダーは、この法則を熟知しているので何をしてもフローな状態で行う習慣を自他ともに持っているのです。つまり、心の状態や質に価値を重んじているということなのです。

## フロー状態とは機嫌のよい状態

フロー状態とは、１９７０年代のシカゴ大学の行動科学の教授であったチクセントミハイ博士が提唱した概念です。どんな仕事であれどんな行動内容であれ、自分のパフォーマンスが最大化し自分らしく活動できているときの心の状態は共通しています。それをフロー状態と彼は表現しています。心の存在と価値を科学の立場より明らかにしたのです。

博士は、フロー状態を「ゾーン」というかなりエリアの狭い究極の心の状態をイメージしているようです。すなわち、没頭している状態です。彼は学者です。どのような条件でフロー状態になるのかをさまざまな形で研究し、どのような状態が無我夢中のフロー状態なのかを語っています。

私は博士の述べられる心の状態よりも、もっともっとゆるい考え方です。心の状態を大きくフローかノンフローにわけてとらえ、さまざまなフロー状態が程度の差はあっても存在しているととらえています。どのような状態かといえば、**機嫌のいい感じ、あるいは揺らがず・とらわれずの状態、または自然体な感じ**と私は表現しています。あまり定義化にとらわれるよりも、心の状態を大きくとらえ、その存在と価値を認識していくことが何よりも大切なのです。私たちは学者ではありません。日々の人生のなかで、究極を求め研究するよりも、心の3つの法則を理解し人生に活かすようにしたほうがよいのではないでしょうか。

一言でいえば、**心の存在を感じとる感性と、心の状態に価値を持つ力と、心の状態をフローに導く力がまず大切です。このような脳力を応用スポーツ心理学ではライフスキル脳**と呼んでいます。戦略を考える認知脳が人間にとっての第1の脳で、心のための担当脳であるライフスキル脳が第2の脳といえるでしょう。このふたつの脳のバランスがよいのが、しなやかなリーダーの特徴です。

まずはプレイヤーとして自身のパフォーマンスのために、パフォーマンスの内容や質となる心の状態をマネジメントしているのです。そして、周りの人に対しても「するべきこと」へのサポート（内容）と心の状態（質）を重んじる生き方をリーダーはしているのです。

# 第2章

# スポーツ界のリーダーから学ぶ

chapter 2

# 心の仕組みを理解すれば、強いチームを作り、最高の結果がついてくる

この章ではスポーツ界の優れたリーダーを紹介します。彼らのメソッドを学び、実践すれば、あなたのリーダーとしての力量は必ず向上するでしょう。

## 結果のみで判断してはいけない

通常はよいプレイヤーと優れたリーダーは違うといわれています。私もその通りだと思います。プレイヤーとして独自のやり方でパフォーマンスを引き出して成功を収めた選手がコーチになったとき、同じようにその他のプレイヤーのパフォーマンスを引き伸ばしていけるのかという疑問があるからです。

しかし、本書で述べるパフォーマンスの理論や心の質を重んじることをプレイヤーの時から実践してきたプレイヤーは、そのメソッドを他者にも活かすことができるでしょう。私は真に優れたプレイヤーとよいリーダーはつながると思っています。その優れたプレイヤーは、必ずしも結果だけを追い求めていません。

「するべきこと」を質高くするというパフォーマンスの鉄則や心の3大法則を熟知してプレイヤーとして活躍してきた人は、そのメソッドを他者にも活かすことの価値がわかっています。つまり、ふたたび優れたリーダーとなって強いチームや延びる選手を育てる可能性が高いのです。

しかし、一方でどんな人でもそれなりのリーダーシップを発揮することができます。

そこで私が尊敬しているスポーツ界のリーダーを何人かご紹介して、リーダーとしての普遍のセオリーをみなさんに少しでもわかっていただけるきっかけになればと思います。ここにとりあげたスポーツリーダー以外にもたくさんすばらしい方がいますが、あくまでも私の独断と偏見で選んでご紹介することをお許しください。

私が本書のために選んだスポーツ界のリーダーは6人です。外国のコーチが3人で日本人が3人です。競技でいえばバスケ界から1名、ラグビーとサッカーから2名ずつ、そして駅伝から1名のラインナップです。あくまでも本書のリーダー論の参考になる私が大好きなリーダーたちです。

2

chapter 2

# 「ビジネスだからといって、楽しんでいけないことはない」

エディー・ジョーンズ
（元日本代表ラグビー指導者）

リーダーの価値観をメンバーに押しつけると、チームは個性を発揮しなくなります。エディージャパンには自由な創造性がありました。

## ハードな練習にも楽しみを

日本代表ラグビーのヘッドコーチとして2015年ワールドカップで歴史に残る快挙を成し遂げたことはまだ記憶に新しいです。選手としては輝かしい成績を決して残しているわけではないエディー・ジョーンズの考え方を『コーチングとは「信じること」』（生島淳著／文藝春秋）からひもといてみたいと思います。この書籍のなかで彼が強調したキーワードはアート、リクリエーション、クリエイティビティ、信じる、の4つでした。

まずコーチングはアートだと彼は言います。

「選手一人ひとりにとって、何が必要なのか、それを見極めるのがコーチングにおける『アート』なんです。選手個々の能力を引き出すためには、どのようなコミュニケーションをとるべきなのか。それこそ数限りないケースが考えられるわけです。その見極めにこそ『アート』が生まれる余地があります」

「観察をしなければ、選手から最大限のパフォーマンスを引き出すことは不可能です」

そのプレイヤーの力を引き出すことは、芸術のように正解がないことだといいたいのでしょう。

「コーチングは私にとって仕事です。しかし、ビジネスだからといって楽しんではいけないということはない。人間の活動ですから、楽しめる要素を入れるのは大切じゃないですか？」

「世界的に見て、成功を収めているチームは例外なく『ハードワーク』をいとわないチームばかりです。しかし、コーチとしてはハードな中にも楽しめる要素を入れてあげなければいけない。なぜなら、楽しむ要素があれば、選手はより懸命に、ハードな練習にとり組めるからです」

アーティストとして成功するチームをつくるために、必要な4つの要素である①ハードワーク　②楽しさ　③規律　④柔軟性　を配慮しながらチーム作りをすることが彼にとっては「アート」なのでしょう。彼の考え方こそ、パフォーマンスは「見えないもの」が重要なのだということを示す証拠です。

そして、ふたつめのキーワードであるリクリエーションについてこう述べています。

「本来、リクリエーションとは何かをもう一度『創造する』という意味の言葉です。スポーツは本来の意味でのリクリエーションの一部であり、人間の人生においてエネルギーや活力を与えてくれる活動です」

「スポーツ、リクリエーションとは、人間がクリエイティブになるために必要な活動のことなんです。仕事などでストレスを感じていたとしても、スポーツをすることで、ふたたび人間はクリエイティブになれる」

彼のこの言葉は、スポーツとはいったい何なのかを私たちに教えてくれます。スポーツは、勝つことだけが目標でなく、理念などの目的がある文化なのです。彼は、「ワールドカップにベスト8に入る」という目標を持つ一方で、以上のような目的を大切にしていました。彼は、「見えないもの」への価値観の高さを有していたのです。

## ノーミス指向が選手をおさえつける

3つ目はクリエイティビティです。

「日本にクリエイティビティを称賛する発想がないのは不思議です。メジャーリーグのイチローや青木宣親。彼らは自分の能力をクリエイティビティを使って最大限に発揮している」

「社会に『ノーミス志向』が強ければ、クリエイティブに考えたり、決断していく方向に選手を仕向けることはできません。私は、選手たちに決断してほしい。ただ、日本の社会では**選手が決断したあとで『それは間違っていた』と否定することが多い。コーチにとって大切なのは、『選手はなぜそういう決断をしたのか』を考えること**です」

彼は、自由な創造性を強調しています。これもまた心の状態を大切にしているということの証だと感じます。さらに彼はこう言います。

「能力のないコーチは、オプションを提示しすぎるんです。選手に決断をうながすのではなく、迷わせてしまう。混乱している選手は、傍《はた》からは懸命にプレーしていないように見えてしまうものです。それでまた、コーチに怒られる。でも、アスリートはプレーするにあたって100％全力を尽くすものです。それが100％に見えないときにはふたつの理由しかありません。フィジカル面で疲労が起きているか、メンタル面で混乱しているかのどちらかです」

選手たちのクリエイティビティを大事にするためにも、心身のサポートを大事にしているのです。まさに心と体の健康状態が、クリエイティビティのためにも重要だと確信し、実際にアクションをしているのです。彼は、フィジカルとメンタルの専門家をチームに招いてサポートしていました。また、このような言葉もあります。

「数字に見えない部分でも、試合に影響する要素があるんです。リーダーシップはそのひとつではないでしょうか」

エディー・ジョーンズの最後のキーワードは「信じる」です。

「日本代表が成功するためには、選手たちが『自分たちのプレースタイルで戦うんだ』と自信を持つことです。ラグビーではフレキシブルに対応することが求められますが、ボールを保持するスタイルが十分に通用する、そう信じることが大事でしょう。それを基にして、ジャパンらしいオリジナリティあふれるラグビーを創造していかなければならない」

信じるというのはまさに心の話です。信じるということも、自信という概念も目に見えない定量化できない部分です。パフォーマンスの質に関する信念とでもいえるでしょう。

エディ・ジョーンズは間違いなくすばらしいラグビーの戦略家だと思います。何をすれば勝てるのか？　勝つために何をしなければならないのか？　認知脳（24ページ）が優れた指導者であることは誰もが想像できます。

しかし、彼のすばらしいところは、チームや選手のパフォーマンスには質があるのだということを熟知している点です。エディージャパンに悲壮感はなく、自然体で高いパフォーマンスを出しました。日本中に感動をもたらした秘訣はここにあるのです。

ちなみに、彼は選手としてのリーダー像をこのように語っています。

①自分が所属しているチームで絶対に勝ちたいと思っていること

②懸命に練習すること

③他の選手によい影響力を及ぼし、責任を持たせられること

「周りの人間に責任を持たせ、その結果、最大限のものを引き出すのが本物のリーダーだと思います」

「組織が必要とするリーダーは、その時々によって変わる。キャプテンを指名する場合は、組織として何を必要としているかを把握していることが重要です」

このリーダー像は、誰でもが参考にできるリーダーシップの生き方を示しています。

chapter 2

# ③

# 「私は戦術より、選手の動きに魂が入っているかどうかを気にする」

フィル・ジャクソン
（元ＮＢＡバスケチーム指導者）

数十億ドルの規模でお金が動くＮＢＡのなかで、「無私欲」のチームを作りあげ、11回の優勝に実現したフィルコーチ。彼のやり方は、チームマネジメントに必ず生かせます。

## 無私欲のチーム

私がもっとも尊敬しているスポーツコーチの1人がＮＢＡのフィル・ジャクソンです。マイケル・ジョーダンやコービー・ブライアントを育てて、ＮＢＡを11回も優勝に導いた名将です。自身もＮＢＡの選手経験がありましたが、これほどコーチとしてＮＢＡで成功した人も少ないと思います。彼のリーダーとしての生きる姿勢を彼の『イレブン・リングス　勝利の真髄』（スタジオタッククリエイティブ）という書籍より考えてみたいと思います。エディー・ジョーンズと奇《く》しくも同じように「バスケットボールとは、スポーツとは、そもそも何ぞや？」という理念が全面に感じられます。

「勝利とは、バスケットボールとは、卓越した戦士たちが戦いの最中に経験する強い感情的なつながりであり、仲間への兄弟愛であり、無私欲（セルフレス）なチームだ」

「ＮＢＡは必ずしも無私の精神（セルフレスネス）を教えやすい環境ではない。バスケットボール自体は5人のスポーツではあるが、それをとり巻く文化は自己中心的な振る舞いを賞賛し、チームの和よりも個人の成績を優先させる」

「今日のバスケットボールは世界中にファンを持ち、洗練されたメディア各社がコート内外で起こるすべてを四六時中報道する、数十億ドル規模の産業へと成長を遂げた。これらすべての不幸な副産物は、マーケットによって誘導された華々しさへの飽くなき羨望である。その華々しさは一握りのプレイヤーのエゴを優しく撫《な》で、かつて人々を魅了したバスケットボール本来の美しさを台無しにしてしまう」。

彼はこのように美しさを追求することで、どのようにセルフレスネスのチームができあがって強くなっていくのかのプロセスを『トライブ―人を動かす5つの原則』（ダイレクト出版）の集団の5段階説を引用して次のように述べています。比較的チームワークを重んじる日本人には若干不思議な感じを受けるかもしれません。

【ステージ1】

絶望と敵意と「人生なんてクソだ」という共通の認識によって特徴づけられる（たとえば、ストリートギャング）

【ステージ2】

自分たちを犠牲者だと感じている無感情な人々の集まりで、「自分の人生なんてろくで

もない」と考え、受身的な敵意を抱く

【ステージ3】

個人的な成功に重点がおかれ、「自分は優れている（が、お前たちは違う）」という理念で動かされている「孤高の戦士」の集団

【ステージ4】

チームの誇りと、「自分たちは優れている（他の集団とは違う）」という確固たる信念に自らを捧げている。敵が強大であるほどチームはより強固になる。

【ステージ5】

純粋無垢な感性と、「生きとし生けるあらゆる人生はすばらしい」という強い信念に特徴づけられる、稀《まれ》にしか存在しない段階（たとえば、1995〜98年のシカゴ・ブルズ）

彼が理想とするチームのイメージはステージ5です。そこに導くチーム作りが、彼がリーダーとして、何を大事にしているのかが伝わるエピソードです。純粋無垢な感性と、「生きとし生けるあらゆる人生はすばらしい」という強い信念は、まさにパフォーマンスには

質があるという証左です。そして、そこに気づかせるようなコーチ哲学なのだとわかります。

## 結果ではなく過程に集中する

さらに彼は心の存在と価値を徹底的に強調したコーチングをしていきます。フロー状態に類似する、マインドフルネスな状態を導くための基本方針を明確にしているのです。これを11か条にわけてジャクソン・イレブンと呼んでいます。それでは彼のジャクソン・イレブンをご紹介しましょう。

①内側から導くこと（威嚇し盲目的に従わせるのではなく、精神に働きかける）
②エゴをベンチに下がらせること（自分のエゴを手放し、自分はチームのビジョンを保つという役割に専念。自分がすべてを支配するのではなく、誰もがリーダーシップを発揮できるような環境を整える）
③運命を自分自身で切り拓《ひら》かせること（他人に自分の意志を押し付けることはできない。選

手自身に決めさせる）

④美しいシステムこそ、自由へと至る道である（トライアングル・オフェンスのシステムを徹底することで、選手の役割を明確にする。何十ものセットプレーの暗記から解放することで、選手は一瞬一瞬に完全に集中し創造的に動ける）

⑤俗世的なものを、神聖なるものへと変えよ（コーチとしての仕事は、バスケという地上でもっとも俗な活動のなかに神聖な感性を作り上げること。戦術の次元を超えて集中すべきものを選手に与えること）

⑥呼吸を合わせる＝心を合わせる（才能に溢れる選手たちを一つのチームにする。仏教の瞑想を採用→今この瞬間に意識を集中させることと、選手たちの呼吸が揃い、非言語的レベルで一体化することに効果）

⑦勝利への鍵は慈悲である（「私は、優しく思いやりのある一言二言が、人間関係にとてつもなく強い影響を与えることを知っている。そしてそれは、チームでもっとも屈強な男に対してさえも同じなのだ」）

⑧スコアボードではなく、魂に目を向けよ（「ほとんどのコーチは、自らの戦術を気にしてひ

どく頭を悩ませるものだ。しかし私は、選手たちが魂のこもった動きをしているかに注意を集中させるのを好む」）

⑨時折は警策《けいさく》（禅僧が持つ「慈悲の棒」）を振るうこと。瞑想者を蘇らせ、その瞬間により意識を集中させるため。時には選手をあえて悩ませる）

⑩疑念のなかでは何もしないこと

⑪リングを忘れよ【勝ちにこだわりすぎれば、精神がうまく機能しなくなる（老子の教え）】

また、彼はこうも言います。

「**結果（ゴール）ではなく過程（ジャーニー）に集中せよ**」

「もっとも大切なのは、正しくバスケットボールをプレーすることであり、バスケットボールの選手としてだけではなく、人間としても成長するための勇気を持つことである。そうした時、優勝リングは自然と転がり込んでくるものだ」

これらの教えは私が本書の第3章で詳しく述べる「セルフマインドマネジメント」や他者をフローに導く「支援の力」に通じるものがあります。

## リーダーに不可欠な3つの条件

そして、彼は自らリーダーとしての不可欠な条件を3つあげています。しかもすべて禅的な思いを柱にしていると述べています。

①コントロールを諦める（意識をコントロールしようとせず、自然にまかせる。また人をコントロールしようとせず、ただ見守る）

②今を信じること

①と②の考えを表すこんな発言があります。

「私を含んだほとんどの人間は、過去や未来に思いを巡らすことに夢中になって多大な時間を費やしている—それは、バスケットボールで勝利を収めることを仕事とする身には危険なものになり得る。バスケットボールでは、閃光のような速さで物事が起こるため、容易にミスが起こり、すでに起こったことや次に起こることで頭が一杯になりやすい。そのために、プレイヤーの注意はあちこちに散らされてしまい、唯一実際に起こっている『現在のこの瞬間』が見えなくなってしまうのだ」

「禅の実践をすることで、現在の瞬間に起こっている物事に対して敏感になるだけでなく、時間がゆっくりと感じられるようになる。なぜなら、未来へ急ぎ過去に迷う傾向がなくなるからである」

③慈悲とともに生きること

③の考えを表すのはこんな言葉です。
「己がためになすことは他がためとなり、他がためになすことは己がためとなる」

何とすばらしいリーダーとしてのモットーでしょうか。このようなリーダーだからこそ、プレイヤーとしてのリーダーシップが有名なあのコービー・ブライアントを育んだのだと思います。


そして、彼はこう言います。

「あらゆる事柄のなかで最高にうれしかったのは、コービーが、自己中心的で要求が多いプレイヤーから、チームメイトたちがついていきたいと思うようなリーダーへと成長する姿を見られたことだ。コービーは報いを受けるために、与えることを学ばなければならなかった。そうすることで初めて彼は成長を遂げることができた。**リーダーシップの本質とは、決して自分の意志を他人に強制することではない。それは、自由を与える術を身につけることと**なのだ」

そのコービーは次のような言葉を残しています。

「そこには、単にバスケットボールのリーダーシップだけじゃなくて、人生の生き方に関する哲学も含まれているんだ。今を生き、一瞬一瞬をあるがままに楽しむこと。自分の子どもたちに、本人がやりたくないことを強制したりしないで、自分のペースで成長させて、ただ育て、寄り添い導くこと。それらはみんなフィルから学んだんだ」

世界最高峰のNBAバスケットボールの世界で、私がみなさんにお伝えしたい真のリーダーとしての生き方が実現されています。しかも、そこに結果がともなっているということに感動せざるをえません。

4

chapter 2

# 「ベストを尽くしたなら試合に負けてもそれはいい。心穏やかに晩飯が食えるぞ」

ジョゼ・モウリーニョ
（欧州サッカーチーム指導者）

「フットボールそのものが第一で、勝利は二の次」。この言葉の意味がわかったとき、チームのパフォーマンスの質は劇的にあがるでしょう。

## 選手の心を知り、ともに闘う

ルイス・ローレンスが著した『モウリーニョのリーダー論』（タカ大丸訳／実業之日本社）によってモウリーニョ監督を紹介します。インテル、レアル、チェルシーなどサッカー界のビッグクラブをすべて勝利に導いたこの名将は、何を考えて何をしていたのでしょうか？　選手の証言も踏まえて語られています。

とにかく戦略に長けている一方で、彼の心の存在と価値をもとにした人間マネジメントを感じざるをえません。「人は、そして選手たちは心で動いているのだな」ということがひしひしと伝わってきます。まずはドログバ選手のコメントを紹介してみましょう。

「監督は激しい感情の持ち主ですよ。ゴールが決まるたびに、まるで選手のように喜びを表現します。つまり、選手たちの心を知って、ともに闘っているということです。たとえば、フランスでの試合前で、ある選手の娘に問題が発生したとき、監督がこう言ったんですよ。『そうか、すぐ家に戻れ。娘の側にいればいい。何もかも解決してから戻ってこい』。一見些細《ささい》な心遣いのようですが、その選手にとっては大きな意味があったのです」

また、彼は楽しむことを常に重要にしていたのです。バイーア選手はこう述べます。

「彼がリーダーだとは当然誰もがわかっていながら、一緒に笑い、試合中はともに戦う同志なのです。そして、いつどこでも、監督が冗談をいうのをやめたことはなかったです。いつも誰かをからかい、全員が楽しめる環境でした。私たちからも監督に何でも言えたし、仕事場でありながら楽しく時間をすごすことができました」

さらに、デコ選手もこう言います。

「モウリーニョ監督の下では練習が楽しかったので、効果も倍増します。義務としてやるのと、楽しみながらやるのとでは意味が違うのは当然です。このような監督の配慮で、選手たちはそれぞれ自分が大切な存在だと思えるようになるのです」

プレイの質は過程にこそあって、結果を出すことだけなく、そのすべてのプロセスを見すえているのです。ドログバ選手はこう述べています。

「監督は、フットボールとともに呼吸し、食べ、眠る人。すばらしいと思うのは、フットボールそのものが第一で、勝つことは二の次であること。よく言っていましたよ、『さあ、プレータイムだ。もしベストを尽くした結果負けたならば、それはいいんだ。心穏やかに美味い晩飯を食えるぞ』とね。もし我々が試合中にすべてを出し切らなかったら、人生において何も達成できなかったでしょう」

ベストを尽くすことの大事さ、それは結果よりも大事なことをこのレベルの選手たちにすら徹底して伝え、結局は結果を導いているのです。

## 勝利への集中力は凄まじい

しかし、もちろん勝利も追い求めています。バイーア選手はこう述べています。

「モウリーニョ監督は、一緒に働く選手やスタッフたちのすぐそばにいつも寄り添うような密接な関係を保ち続けます。だからといって、誰がチームの首領（ドン）か、疑いを抱く人間は一人もいません。命令を下す人間である以前に、私たちにとって信頼に値する人物なのです。監督が発するメッセージは信用できるもので、もし私たちの前に困難な壁が立ちはだかっても、監督なら正しい道をさし示し、障害を乗り越えられると確信していたからです。ある選手はこう述べています。「勝利への集中力は凄まじかった。勝つこと以外の何かを考える余地すらありませんでした。そして、監督が我々に伝える信頼のメッセージは強力で、実力とは別の次元で『我々は最高の選手だ』と自然に念じることができたのです」

「監督はいつも勝者の姿勢を貫き、その姿は一目で勝ち馬とわかるのです。自分が何をしているのかをきちんと認識し、そのことの意味を周囲に信じさせる。もし誰かが疑心暗鬼のまま練習に参加したり、何をしているのかを理解していなかったら、絶対に結果はついてきません。ですから、常に自分がやることに対する信頼・確信が必要なのです。ジョゼ・モウリーニョ監督の下にいるときは、そういう**迷いや疑問が一切なく、監督の思い・信頼がチーム全体に浸透**していました」

このふたつの発言からも監督が間違いなく、勝つためにパフォーマンスに着目していることがわかります。パフォーマンスは内容と質で構成されていることを熟知し、このふたつに的確にアプローチしていたことが伝わってきます。しかも、それは思いつきでやられていることでなく、いつでもどこでも徹底されているのです。監督自身もこのような言葉を残しています。

**「リーダーとは何か。私にとって、それは命令を下すことではない。ガイドすることだ」**

「〝導かれた発見〟は、理解するより感覚的なもの。練習で、シチュエーションや動きに対して選手たちがどう反応するかを見てフォローする。選手たちが間違うのは恐れていない。サポートするのが私の役目だ。選手たちからのフィードバックを受け、やりやすい練習になるように方向性を変える。いつでもそういう柔軟性を持っているし、選手たちの意見によって練習内容自体を変えることもよくある」

## 選手は自分が重要だと思いたい

彼は、モチベーションという言葉をよく使います。

モチベーションとは心のエネルギーのことで、要するにフロー状態であるかどうかということです。彼は、人はどうしたらフロー状態に導けるのかを熟知しています。こんなコメントがあります。

「**選手たちは、自分たちが重要な存在だと思いたいものです。モウリーニョ監督の下では、その重要性や存在意義を強く感じる**ことができます。それは自分たちもプロセスのなかに参加することができているからです」

「周囲のモチベーションを高める最良の方法とは、オレ自身のモチベーションが高まっているとことだと思う（中略）勝ちたい、相手チームを打ち負かしたい、ナンバーワンになりたい、個人タイトルがほしい、いい契約を勝ちとりたい、もっとカネがほしい、家族にもっといい生活をさせてやりたい、歴史に名を刻みたい。そういうものが毎日自分のなかにあって、それについて語り、動くことでさらに自分の動機が高まる」

自身のフロー化を、回りに影響させていっているのがよくわかります。コスタ選手のこのようなコメントも印象に残ります。

「モウリーニョ監督のなかにあるモチベーションを知ろうと思うのなら、監督が外部に向けて発信する言葉に着目すべきです。監督たる者、どんな状況でも選手に対して『君たちはすばらしい』『この試合は勝つぞ』などと声をかけるのは当然でしょう。でも、モウリーニョ監督のように公の場でもそれを公言することは、勇気とチーム全体への信頼があったうえでのこと。ただ、そういう言葉は選手たちに強い影響を与え、高いモチベーションになります。監督のなかには『この対戦相手は重要ではない』『もし我々が勝てば』などという人もいますが、それでは信頼が伝わりません。ジョゼ・モウリーニョなら、選手たちは自然にこの人の指揮に従おうという気になります。そして、自分がベストなのかどうか、今日勝つのかどうか、などの疑問が消えていくのです」

選手たちの心に火を灯し、揺らがず・とらわれずな心の状態へ常に導きフローな心の集団へとガイドしていくモウリーニョ監督のもとには、常に信頼と勝利がもたらされていくのだと確信します。サッカーの高い戦略については、門外漢の私には知るよしもありません。

しかし、彼が心の状態において実践していることは、極めて理にかなった当たり前のことです。カリスマ性があるからなどという曖昧模糊《あいまいもこ》としたものではなく、人の心の原理にのっとってそれを遂行しているだけにすぎません。それはこの章で登場する優れたリーダーたちみなに共通することだと私は思っています。

多くの人は、その事の価値を高いレベルで自分事として貫いていないのです。つまり、しなやかなリーダーは心の状態や質の概念を自らをもって価値化することから始まるのだと思います。
最後に、決して名門と言えないチームを勝利に導いたのは、選手たちの心へのアプローチだったのだということがわかる、デコ選手のコメントを紹介します。

「監督が就任した時点で、ポルトはまだ欧州のタイトルを獲っていなかった。準々決勝までは進んでも、もっと歴史や伝統があったり、財政面で圧倒的に裕福なクラブを相手にこれ以上勝ち進むのは不可能だという考えが、なぜか選手たちのなかに染み付いていたのです。そんな中で、監督はそういう思い込みを打ち砕き、我々にUEFAカップで優勝することの重要性を植え付けたのです」

「相手に対する敬意、それを上回るチームへの信頼感によって、どんな相手にも勝てるという思いに疑問を抱く選手はいませんでした。（中略）バルセロナやレアル・マドリードのようなチームにいれば、当然のごとく相手に勝てると思えるでしょう。けれど、ポルトにおいては、モウリーニョ監督が就任するまではゼロだった。監督がそういう心の壁を打ち壊したのです」

選手たち自身にしっかりと伝わっている心の存在と価値。ここに名将モウリーニョの偉大さを垣間見ることができるのです。

5

chapter 2

# 「どれだけ理屈を説いても、情に訴えるものがなければ選手は動かない」

原晋
（青山学院大学陸上競技部監督）

ともすれば修行僧のように黙々とやることが、マジメにやることだと勘違いしているリーダーは、「笑顔の青学」が連覇を達成した意味を考えてほしいと思います。

## 半歩先の具体的な目標

さて日本の指導者として本書のリーダー論の参考にできる人といえば、青山学院大学の原晋《すすむ》監督だと思います。彼の『逆転のメソッド』（祥伝社）から考えてみましょう。本書でお伝えしたい「個人と組織のパフォーマンスは戦略と質のふたつで構成されている」ことが熟知された指導の哲学が見えてくるのです。そして、実際に箱根駅伝で2連覇するという結果も出しているのです。

まずは、目標設定の徹底化を感じます。目標設定は「するべきこと」を明確にするパフォーマンスの内容決定に必須です。何をするのかが明確にならず貴重な時間が過ぎてしまうことは、パフォーマンスを生まないばかりか結果など出ることはないでしょう。

同書にこうあります。

「目標管理をグループミーティングでおこなっている。『目標管理シート』（A4一枚に年間目標、各月目標、各合宿・大会の具体的な目標を記入）していく。基本は「半歩先」の具体的な目標を、自分で考え自分の言葉で書き、到達度チェックを自らする。学年・能力の隔てなくランダムにグループを組み、各自の目標達成度と実現の手立てを話し合う。月1

回実施し続けている。運営は当初監督が指示したが、今はすべて部員に任せている」
「目標管理シートや練習日誌などを書くことによって自分の頭で考え、部員たちの前でしゃべることによってみんなに自分の考えを伝えるとともに決意を強くする。さらに、みんなとグループトークすることによって考えや決意を共有し、チームの和を広げていく。これが、青学メソッドあるいは原メソッドの骨子である。」

認知脳の強化を大切にしているのを感じます。

ここまでは実施しているリーダーはいるかもしれませんが、もうひとつの質に対するアプローチが明確にされ継続されています。この点が、本書で紹介するに値する原監督の凄いところです。彼は年間目標とは別に年間のテーマや大会へ向けてのスローガンを設定し、これを大切にしているのです。

たとえば、目標は「箱根駅伝出場&優勝」ですが、チームの年間テーマは『「その一瞬を楽しめ」~最強への徹底~』=「試合を楽しむために、自分で考え、行動し、練習にとり組み、生活する」です。

そして、2015年の箱根駅伝のスローガンは「ワクワク大作戦」です。ちなみに前年優勝の東洋大のスローガンは「その1秒をけずりだせ」、優勝候補筆頭の駒澤大は「原点と結束」でした。

青学のテーマとスローガンは心の状態に関するものになっています。しかも、フローにつながるものだということが、さらに心の存在と価値を感じさせるものになっています。チーム作りの2つの柱がここにある、ということが容易に理解されますが、そのようなチームを支えるキャプテンのリーダーシップについて、以下のように述べられています。

## 男気としてのリーダーシップ

『ビジョンを持ち、理論や理屈を説くことは大切だが、**どれだけ理屈を説いても最後は「おまえに託すから、おまえ自身のために、そして部のためにがんばってくれ」というような情に訴えるものがないと人間は動かないものだ**。そうした男子の情のことを私は「男気」と呼んでいる」そこで「キャプテンの条件とは何かといわれれば私の答えはズバリ「男気」

である。一生に一度限りのチームで部員たちに「あの人のためにがんばろう」「あの人なら付いていける」と思わせるキャプテンにならなければいけない』

『男気というのはある種の情であるから理論的に説明するのは難しいが、私なりに説明すると「ガキ大将的な気質」と言い換えることができるかもしれない。ガキ大将のように子分を従えるような強さと包容力を持った者でないと、なかなか人を動かすリーダー役は務まらないに違いない』

監督は、この男気というリーダーシップを育成するために、部員同士で「男気とは何か」を話し合うミーティングを実施しているそうです。見えないものを言葉にして皆で語り、自分たちのものにしていくことに、労を惜しまない姿勢がすばらしいと感じます。

## 「普通にやりましょう」

そして、リーダーである監督として部員との関わり方について、以下のように述べているのです。軍隊式は時代遅れで強くなるためには笑顔が大切で、笑顔の青学といわれるチーム作りを重んじているのです。監督はこう述べます。

『陸上選手はこれまで、指導者から「黙々と走れ」「人とあまり話すな」「チャラいことをするな」「派手に笑うな」といった修行僧のような指導を受けてきたのだ。自分を殺してひたすら修行僧のように競技生活を送るわけだが、私たちは仏道修行のために陸上をやっているのではないはずだ』

『逆にいえば、青学のように楽しそうに練習し、笑顔でゴールするようなスタイルは、陸上界にとっては風上にも置けないということになるかもしれない』

「かつて主流だった軍隊式の指導は今の時代に合っていないし、選手の成長にもつながらない。その証拠に、青学の選手たちの表情を見てほしい。みんな、ほんとうにいい顔をしている」

「もちろん、ハードな練習は不可欠だ。ニコニコ笑いながら練習しているだけでは強くなれないことなど百も承知している」

「何よりも大切なことは、自分にフォーカスさせ、自然体を作ることこそがリーダーの役割だ」と原監督は強調しています。箱根駅伝復路の前日にはこのように声掛けをするそうです。

**「明日は守りに入る必要もないし、逆にがんばる必要もない。普通にやりましょう。持てる力を発揮して、自分の走りをしなさい」**

さらに目標と「するべきこと」と戦略だけでなく、目的をちゃんと伝え心の状態を配慮しています。

『ただ**「20キロ走れ」と命じるのではなしに、なぜ今の時期に20キロを走るのかという理由をきちんと理解することが大切**なのだ。目的を達成するにもいろいろなやり方があるわけで、なぜ、今このやり方を選ぶのかということについても説明しないと、学生は動かない。そうやって目的と方法について納得して練習をすれば、上達も速くなる。とくに駅伝のようにチームでとり組む場合に、部員がそれぞれ目的について違った理解をしていたら当然のように着地点もずれてくる。監督としての私の仕事は目的をきちんと示し、それに向けてレールを敷くことである。そして、レールに乗った部員たちの背中を少しだけ押してあげるのだ。そうすれば、あとは自らの駆動力で走っていくというのが陸上競技部に対する私のビジョンである』

目標と目的を分けて心の状態に配慮されていることが、この発言でもよくわかります。

また、とにかくいつでもコミュニケーションが大事だと強調しています。

「ひとりで辛抱強く続けるが、暗くて横の動きが苦手というのが陸上選手の特性である。その欠点をどう克服して、人とつながる力をつけていくかというのを課題のひとつに据えて、私はいろいろな試みを仕掛けてきた。だから、青学の選手は表現力が豊かで、あるいは人の心がわかる人間に育っていると思う」

「私の陸上競技での指導も、選手の首根っこをつかんで引きずりまわすようなスタイルではなく、その選手の課題に応じたキーとなる言葉を示して成長をうながすというスタイルをとっている。したがって、コミュニケーション能力が高くないとおそらくついて来られないだろう」

コミュニケーションは、人にとってすべての基本的な能力であることは間違いありません。コミュニケーションこそが、戦略や心の状態を向上させていくのです。

chapter 2

# 6

# 「選手への言葉のかけ方は、戦術論よりもっと重要だと僕は思っています」

岡田武史
（元日本代表サッカー監督）

「仕事はコミュニケーション」とよくいわれますが、コミュニケーションとは一体何でしょうか。
「何のための意思疎通なのか」を考えることが重要です。

## 目標は達成できるかギリギリのところ

サッカー界のコーチとして結果を残してきた岡田武史監督のリーダー像を、二宮寿朗《としお》氏の「岡田武史というリーダー」（ベストセラーズ）よりひもといてみたいと思います。ワールドカップでジャパンに結果を残したその手腕は、どこからきているのでしょうか。

まずすべてのリーダーに通じることだと思いますが、目標設定の明確さ、目標の立て方のスキルがあり、一方で目標だけでなく心の支えとなるフィロソフィーの見える化、言葉化がとても優れていると感じます。

「目標というのは、手に届くか届かないか、ギリギリのところに設定しなければならないんだ」

『僕は手が届くと思っているからベスト4だと言っているわけです。（中略）周りの人は信じていないかもしれないけど、新しいことをやろうとすると必ず耳元で「ドリームキラー」がささやくものなんですよ。「そんなのムリだよ」ってね。それを乗り越えていくかどうかの違い。乗り越えていけるかどうかなんて、わからない。でも乗り越えようとしない限り、できない。そこに向かってチャレンジするだけの話』

そして、予選を突破したウズベキスタン戦を終えて帰国したときには、選手に紙を配って、目標がベスト4であることを一人ひとりに書かせたのだそうです。そのうえで、目標を達成するために何が自分に足りないのか、自問自答させて書き加えさせたのです。次第に「ベスト4」はチーム内に浸透していき、すべての行動の内容、戦略遂行の原点となったのだと思います。

目標の明確化、目標設定から結果目標と行動目標へのブレイクダウンなど、目標によってパフォーマンスの内容を形づくる柱ができあがるのです。目標があるから「するべきこと」が明確になっていくのです。

「攻守におけるサポート」「前線からの激しいプレッシング」「素早いボール回し」「攻守の切り替えの速さ」

こういった戦術・戦略は、目標からブレイクダウン（細分化）された結果目標であり、行動目標としてのするべき事の「見える化」でしょう。高い目標設定を現実可能なものとして、自らはもちろん選手たちにも浸透させていく点が岡田監督の一流であるゆえんです。

## 声がけが選手を救うこともある

一方で、チームコンセプトやフィロソフィーといった、定量化できにくいものをとても大事にしています。「新皮質の脳で考えてばかりいると心の迷いが生じてしまう」というようなことを岡田監督自らが述べられています。目標からブレイクダウン（細分化）した戦略を人や選手が遂行するとき、感覚的なものも大切にしていくことを忘れていないようです。だからこそ、6つの心についての哲学を明確にしてそれを重要視したチーム作りを徹底しています。それが以下の通りです。

ENJOY（楽しむ）・OUR TEAM（我々のチーム）・DO YOUR BEST（最善を尽くす）CONCENTRATION（集中）・COMMUNICATION（意思疎通）・IMPROVE（進歩）

どれも心のルールであり理念です。このような心の指針がなければ人は動けないのだということを、リーダーとして知り抜いています。

「感じて勇気を持ってプレイする」が、岡田監督の再三選手たちに発せられる言葉のひとつだったそうですが、まさに理念の最初にあがるエンジョイの基礎を徹底しているのだと思います。そして、何よりもコミュニケーションを重んじいます。

「**コミュニケーションというのは別にペチャクチャ喋ってくれということではないんです。僕のなかでは、一つの目標に向かってお互いの存在を認め合うということ**です」

心理学でいうセルフイメージを高める作業に余念なく、またその事の必要性をチームフィロソフィーとして徹底し、選手たちもその価値を理解し実践していたのです。チーム全体への目標・戦略・哲学・理念の共有を徹底した、岡田監督のリーダー手腕がここにあります。

しかし、岡田監督のすばらしいリーダーシップは、選手一人ひとりに対しても配慮があることだと思います。ある選手の言葉がそれを裏付けています。

『監督はああやって難しそうな顔をしてますけど、僕たちのことをよく見てくれてます。僕が落ち込んでいて心が折れそうなときに「やべえな」って思っていると、監督から何気なく声をかけられたりするんです。優しいわけでも何でもないですけど、それが救いになったりもする。試合に出られなくても監督が見てくれますし、あの人についていけばサッカーがうまくなれる、と思っています』

一人ひとりを観察し言葉を見守っている姿勢は、しなやかなリーダーとしての「支援の力」（6章）につながるのです。

そして、最後にこの言葉が私には印象的です。

「選手たちに何をいうかは相当考えるし、言葉遣いも考える。言葉というのは、言霊というように、力があるんですね。この言葉をどう使うかで、選手の頭を打つのか、心を打つのか、が違ってくる。**心を打たれた選手というのは変わるが、頭を打たれても変わらない。**やっぱりそういう言葉の使い方というのはものすごく僕は考える。そんなこと大したことないっていわれるかもしれないけど、僕は戦術論なんかよりも大事だと思ってます」

「戦術より大事なモノがある。それが心なのだ」と言っている気がしてなりません。

7

*chapter 2*

# 「勝ち負けに大切なことは、勝ち負けに左右されないこと」

岩出雅之
（帝京大学ラグビー部監督）

岩出監督のモットーは「勝つ」ことではなく「負けない」こと。たとえ結果が同じでも、そこに至るまでのプロセスは大きく異なります。それは、次の結果を大きく変えます。

## 負けないための4つの作法

現在学生スポーツ界でもっとも結果を残し続け、もっとも強いチームのひとつが帝京大学ラグビー部です。10年以上かけて作り上げた岩出監督のリーダーとしての生き方を、著書「負けない作法」（集英社）をもとに、迫ってみたいと思います。

帝京大学が負けないチーム作りとして大切にしている「作法」についてこのように述べています。

「どんな状態であっても、そのことはとりあえず横に置いておいて、**ともかくも行う決まり事のことです。自分の調子がよかろうが悪かろうが関係ない。必ずしなければならない儀式**、と言い換えてもいいかもしれません」

そして、その作法こそが負けないための絶対条件として、自分自身を整える術なのだといいます。

### ◆作法0「自分をニュートラルな状態に置く」ための作法

行動の習慣化（何も考えなくても体が動く）が目標であり目的でもある。これが、もっとも大事なことでありスタートでもある、と監督は強調しています。以下、監督の言葉等を交えながら、解説していきます。

①環境を整える

―クラブハウス、グラウンド、その周辺をきれいに掃除する。ケガを防ぎ安心してプレーできる安全な環境を整える。その過程で自分自身の気持ちも清々しくなる

②身体のコンディションを整える

③マインドのコンディションを整える

―力まずにそのままの状態でいられる「普通のマインド」が何より重要

―大切なのは、興奮したり落ち込んだりしても、その都度《つど》自分にとってのニュートラルな状態に戻すこと＝「調身、調息、調心」（禅の教えにもある言葉）

④振り返りをすぐに、何度も行う

―失敗も成功も、結果は振り返って活用してこそ意味がある。負けても試合後に怒ることはせず、選手たち自身の振り返りをうながす

⑤丁寧に日常生活を送る

―心身ともにきちんとして（ゴミ拾いなどの徹底）、お礼も丁寧で（ことあるごとに「ありがとう」）、何事にも一生懸命な人物＝「応援したくなる人物」を目指すように指導

―「応援してほしいから、○○をする」ではなく、「ゴミが落ちていれば拾う」「人に会えば挨拶する」「何かしていただいたらありがとうと言う」。それだけの積み重ねが、結果的に自分の応援団作りになることを知ることが大事

**◆作法1「自分作り」**

―選手たち一人ひとりに「自分作り」をさせる＝「自分を知る」ということ

―「作法1の目標は、余裕を生むこと」。そうして初めて、周囲の人や環境に目が届くようになる

①まずは、「自分を大切にする」ことから

―「大切なのは、自分で決めることです」「自分のことは、自分で決めること」

―『1年生には好きなポジションをさせ、「ラグビーはチームのためよりも、まず自分のためにしている」と感じさせる』

—「自分はどこに向かっているのか」「何を目指して生きるのか」。自分の考えを大切にさせる

—雑用は4年生が行う。余裕のない1年生には、まず人に大切にしてもらいながら自分を大切にさせる

②「自分を知る」

—作法0のニュートラルな状態を作ることで、「真ん中に立つ」と、強みと弱みが自ずと見えてくる

—メンタルの強みと弱みを知る

「意識するのは、心のコンディションです」

「自分の感性をくすぐるものが何なのかを意識してみます」

「**気持ちに振り回されがちな人は、自分の感情そのものに意識が向いている**からです。（中略）そうではなくて、何が好きなのか、なぜ悲しいのかという『何が』『なぜ』に、意識を向けることが大切です」

「日常生活と、自分のメンタルのコンディションを整理して把握すると、朝、何をして

いると元気になってきて、昼、どんなことが起こると気分が悪くなり、夜、どのような状態になるとリラックスするのかといった、そうした生活とメンタルとの関係がわかるようになります」

―「気骨」のある人間になる。「気骨」＝正しいこと（目標）に向かって問い続ける姿勢。障害に屈せず、自分の考え方や信念を守り、強い意志を持って進む力

## ◆作法2「負けない極意＝二軸思考」

「常に両極にあるふたつの軸を意識すること。そして、その二軸の真ん中に立つこと」

自分にとってベストな「ニュートラルな状態」に常に立ち続けることは、実は難しい。そのために徹底する作法ということでしょう。

「勝ち負けは相関関係で決まる。しかし、相手が自分より実力が上でも、相手が出し切れなければ勝てるかもしれない。逆に、こちらがどんなに努力し力があっても、それを発揮できなければ負けるかもしれない」

この発言の意味は、「負けの原因は自分でつくっている。勝ちの要因は相手がくれる。

このことを理解することも、『負けない』作法」ということだろう。

「勝ち負けで大切なこととは、勝ち負けに左右されないということ。そして、いかに相手や環境に左右されず、自分の力を出すことに集中できるかが大切です」

**「勝っても負けても、そこで終わりにせず「なぜ」「何が」と考える」**（作法0の④振り返り）

「自分自身に集中していれば、勝ちにも負けにも、心は揺れません」

「あいつが悪い」「自分は強いというおごり」などの発言は、「感情に振り回されては、振り返ることができない」ということです。作法0の①②③を行い、自分をニュートラルに戻すことが大事です。

・二軸思考の例「悲観と楽観」「悲観的に準備し、楽観的に実践する」

監督は試合前、あらゆるケースを想定して厳しいトレーニングを行うそうです。

「コーチの声掛けは悲観的で時に厳しいものがありますが、それも計算してのことです。指導者である私の心も穏やかです」

試合前の声掛けでは、こう言うそうです。

**「所詮、ラグビーだからな。絶対にケガをするなよ。ケガをするくらいなら、ボールを**

**捨てろ」**

「そんなに緊張していても面白くないぞ。観客の顔を見てこい」

ニュートラル化を促し、オーバーテンションにしない配慮がうかがえます。

・ピンチを楽しむ

ピンチの時にニュートラルな心を保つのは難しいですが、監督はこう言います。

「私自身は、そんなときに**いつでも笑える自分を見つけたいと思っています。焦った顔をしてしまっているのならば、それは『勝ち』に固執**してしまっているということです」

・瞬間を楽しむ

「時間だけを気にしていたら、1分という時間のなかで行えることを発想できませんし、プレーそのものも楽しめません」

『時間だけを気にする行為は、「映画を観ようと映画館に入った瞬間に、結末は何だろうと考えることと同じ」』

「選手には、その局面ごと、そこの戦いこそが面白いところだ、楽しいところだとよく話します。つまり、それこそを味わえという意味です」

「その時間、その瞬間の捉え方を変えることで、気持ちもずいぶん変わります。自分をニュートラルな状態に戻すために、『楽観的でいよう』とムリに頑張るのではなく、（中略）楽しさを見つけようと意識することがコツです」

・見えないこと、よくわからないことを想像すると不安になる

『変えることができない過去、まだ起こらない未来に心をとらわれるのではなく、二軸の真ん中「今」に集中する』

「過去を手放し、未来を見すえる」

・感情だけではだめだが、感情がなくてもだめ

『感情はいわばガソリン。うまくいかないとき、技術だけではなくガソリンである「心作り」が大切』

### ◆作法3 「『負けない』仲間作り」

「ベンチ入りしたい、自分の活躍だけを強く望む」。そんな選手への監督の評価は高くないのです。

『ラグビーはチームで行う。ひとりの活躍ではなく「帝京大学が強くなること」が監督である自分の目標』

『リーダーは必要だが、リーダーは勝者のことをさすわけではない』

『ラグビーでも社会でも、「たった一人が勝つこと」は誰からも求められていない。「自分だけ」と考える選手は、「負けない」選手からは程遠い』
・まずは「自分のため」
『「献身」ではなく「貢献」を』

『誰しも自我が存在するにもかかわらず、自分を大切にせずに他人のための自己犠牲を払うと、見返りを求めてしまう』

他人のための行動には、大きなエネルギーが必要です。作法1の自分作りが他人のための行動の前提となります。
・リーダーには組織全体を見渡す広い視野が必要
「二軸思考で組織のバランスをとる」（勝者の裏にはたくさんの敗者。活躍する選手だけでなく、ベンチにも目を向ける）

―メンバー、特に一番余裕のない人がリラックスできるような場をつくる
―「自分のため」が「他人のため」「組織のため」になり、皆で一つのことを作り上げるような環境作り（全部を一人でやる必要はない。リーダーは自己犠牲になってはいけない）
―行動の手本を見せる（言葉ではなく姿で伝える）
―「真のリスペクト」＝自分より上と感じる相手でも下と感じる相手でも、認めて自分と同じように大切にすること

そして、この言葉に監督の仲間作りのモットーが凝縮されています。

「負けないためには、**緊張感のある関係をつくることが必要ですが、同時に、その緊張を緩めることのできる楽しさを提供できるメンバーがいることも大切**です。そして、表で活躍する人、陰でチームを支える人、すべての人の心をつなぎ合わせられる温かい関係も非常に重要です」

## 真に心を大事にする

ここには、決してブレることのない作法を、チームが脈々と受け継ぎ実践しているのです。作法一つひとつに、心の整え方の秘訣が多々含まれています。パフォーマンスは戦略だけではなく、心の状態の質でも構成されており、そこに価値があるのだということを熟知しています。

心を大事にするということは誰でも言えることですが、それを作法という仕組みとしてチームに根付かせた岩出監督のリーダー手腕は本当にすばらしいと感激します。心の状態を重んじるリーダーは、ただ心が大切と語っているだけではなく、自分事としてとらえ、結果を出しているのです。

8

chapter 2

# しなやかなリーダーは、バイブレイナーである

バイブレイナーは、人生の内容と質をともに大切にします。それが人間の仕組みだと知っているからです。

## 内容と質を大切にする

いかがでしたか。

スポーツ界の「名将」といわれるリーダーの考えを、彼らの書籍からひもときました。そこから見えてくる本書でお伝えしたいリーダー像は一言でいえば、「バイブレイン（Bibrain）」の人間像です。

バイブレインとはパフォーマンスや時間に注目し、その構成要素ふたつを重んじる脳の機能をともに働かせている状態をいいます。

すなわち、**戦略などの行動の内容を大事にする認知的な脳だけでなく、見えない心の状態など行動の質を重んじるライフスキル的な脳の機能を有し**生きている状態です。このことを自他ともに実践しているのです。

自らのパフォーマンスを高めるためにも、そして回りの他者に対してもこのバイブレインをいつでもどこでも大事にし、そこを高めることでパフォーマンス向上を自他ともにもたらしている存在です。このような脳の持ち主をバイブレイナーと私は呼称しています。

## バイブレインの構造

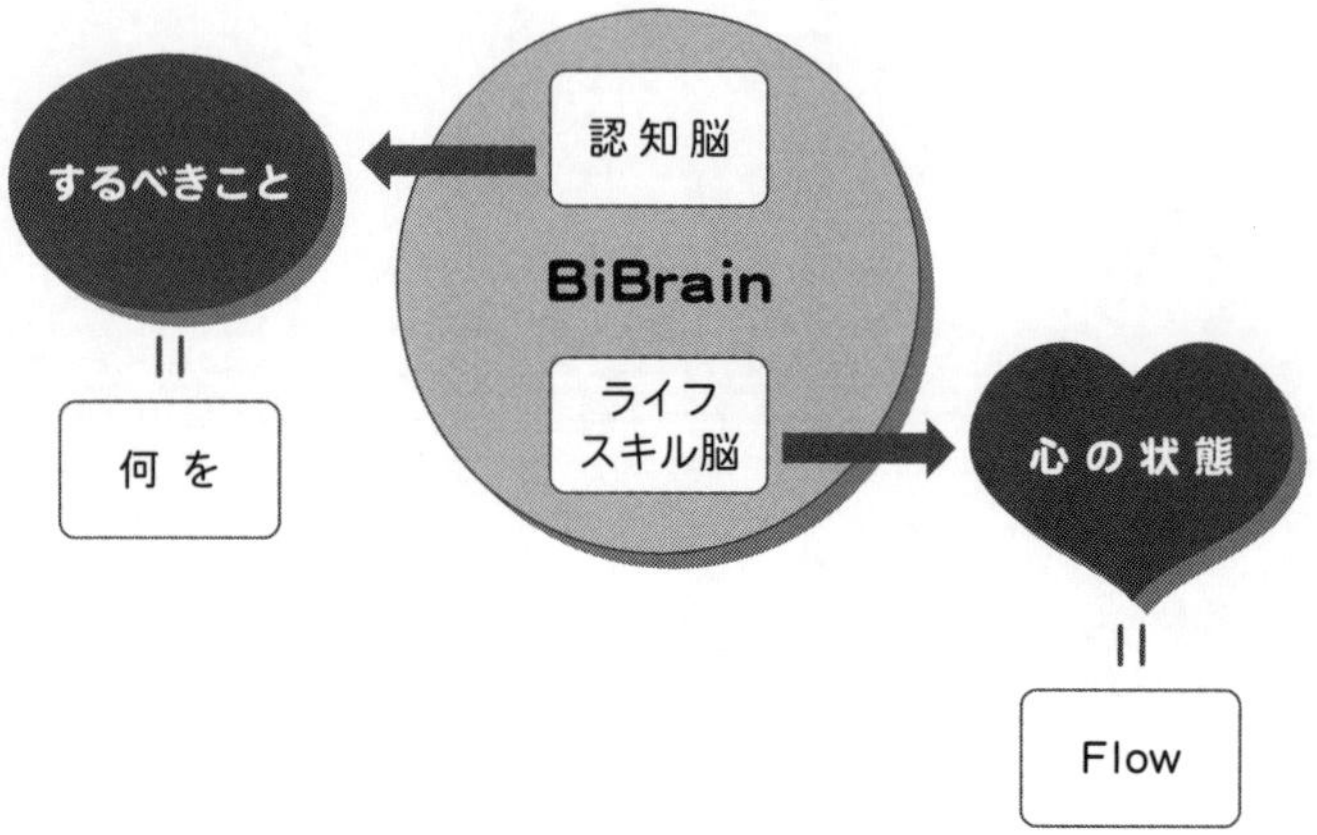


上図はバイブレインの模式図です。

「認知脳」と「ライフスキル脳」のバランスがよいのが、バイブレインの特徴です。

# 第3章

# 考える力・実行する力

chapter 3

1

# しなやかなリーダーは、反省から得た「するべきこと」を実行する

結果がどうであろうと、振り返って「するべきこと」を明確にして、それを実践する。これが人生の基本です。

## 反省なきリーダーに人は集まらない

行動の内容を明確にするためにまず大切なことは、過去を振り返り反省することです。反省せずに「するべきこと」が明らかになるはずありません。

もちろん、何をしなければならないのかは、過去以外にもよります。さまざまな情報からその内容を常に考えていくことが認知脳による戦略の基本です。何度も同じミスを繰り返し成長がなく、「するべきこと」がしっかり改善していけないのでは、人間として生きているとはいえないのです。過去を振り返り反省できる生き物は人間だけです。

すなわち、**反省は人間固有の優れた認知脳によってもたらされる**のです。

反省するには過去を見つめ、そこから何が学べて、自分は何をしなければならないのか、を行動に活かしていくことです。反省のないリーダーに人はついていかないでしょう。大切なことは省みること自体ではありません。省みることで学んだ「するべきこと」を実行に移していくことなのです。

認知脳の存在意義は行動の内容を明らかにすることです。そして人間の存在意義はそれを実行に移していくことだからです。

この人間の持つ本来の脳機能を働かせて、人間としての存在意義をまっとうしているからこそリーダーといえるのです。だからこそ人はついてくるし、結果もついてくるというわけです。いたってシンプルな法則だといえるでしょう。

振り返って、「するべきこと」を明確にして、それを実践する。

これこそが、人生の基本です。

2

chapter 3

# しなやかなリーダーは、
# 小さな目標達成を積み重ね、
# 大きな目標を達成する

目標を達成できるかどうかで、一喜一憂してもしょうがありません。目標を設定する本当の意味はブレイクダウン（細分化）して、「するべきこと」を見つけるためです。

## 目標が曖昧だと行動も曖昧になる

行動の内容を明確にして実行に移すために、もうひとつ大切な認知脳の役割があります。それは目標設定です。**目標設定は行動の内容、すなわち「するべきこと」をはっきりとさせます。**

まず目標設定は達成できる・できないの前に、自身の「するべきこと」を明確にすることが重要です。すべてのパフォーマンスと時間には内容が存在するのですから、目標がないと「するべきこと」が見えないのです。

散歩していて気づいたら富士山に登っていた、というような人はいないのです。富士山に登るという目標があると、10日前のすごし方、前日のすごし方が変わります。

目標の曖昧な人は「するべきこと」も曖昧になっていることが、少なくありません。目標達成で一喜一憂する前に、目標を自身で立てていつでもどこでも「するべきこと」を明確にする習慣が重要なのです。

目標を立てるとき重要なことは、「するべきこと」がブレイクダウンできているかどうかです。目標設定をしたら、「するべきこと」の期限を切って、細分化していくことが大事になります。

多くの人は、大きな目標設定からブレイクダウンするとき、「結果目標」を列挙してしまっています。その目標が大きければ大きいほど、「何をいつまでにするべきか」を具体的に示すことは困難だからです。

大事なのは「行動目標」なのです。「結果目標」だけを考えるだけで結果をだし、目標を達成した人などいないのです。「結果目標」で目標が止まっている人は結果は○か×か、うまくいく・いかないだけでしか判断できません。そうなると、心は揺らぎやとらわれが高くなり、心はノンフローになって質をも落としていくことになるのです。

何はさておき、**目標を細分化することで、「するべきこと」をはっきりさせ、それを実行していく**ことが、しなやかなリーダーの必須条件のひとつなのです。

## 人は「結果目標」だけで目標達成できない

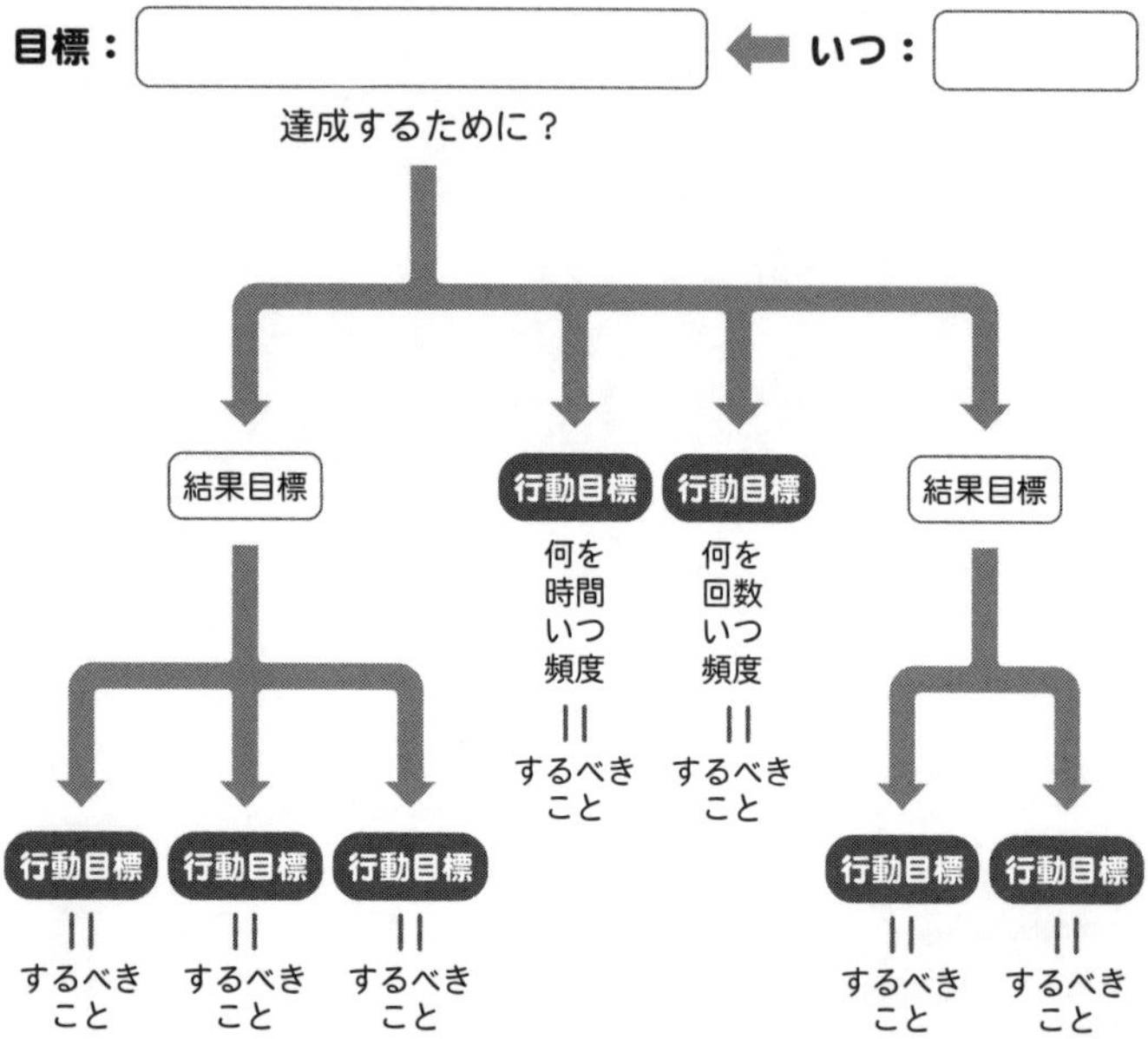

3

chapter 3

# しなやかなリーダーは、「するべきこと」が何かを常に把握している

考えることをしないで、目の前に広がる世界に向き合おうとしても、社会の信頼を得ることはできません。

## どんな瞬間にも「するべきこと」がある

「するべきこと」を決定するための材料や情報は、過去や未来だけではありません。今目の前に広がる世界（外界）を判断して「するべきこと」を明確にしていく作業が、認知脳には求められています。そのためには勉強して知識を身につけることが重要です。

知識をもとに、明確化された「するべきこと」を実行して、また振り返り反省していく。こうすることでそれが単なる知識だけでなく、経験に基づく知恵となっていくのです。

過去や未来からも、外界の事柄やできごとからも、何をするのか考えずに生きているとすれば、それは人間としての生き方ではありません。常にこれらを配慮して生きているのが人間の特徴です。

考えることを拒否して、外界を配慮することなく、「するべきこと」から逃げてしまっていては、しなやかなリーダーにはなれません。

なぜなら、「するべきこと」をしていないので社会からの信頼を獲得できないからです。社会は「するべきこと」で成り立っています。

もちろん、その「するべきこと」はしたいこともあれば、したくないこともあるでしょう。自分で決めたこともあるでしょうし、決めさせられたと思い込んでいることもあるでしょう。

しかし、**どんな人のどんな瞬間にも「するべきこと」が存在**しています。常に「するべきこと」を考えて、限りある時間のなかで優先順位を設けて、実行していく。しなやかなリーダーは、誰でもそうしています。優先順位は目標から来ることもあるでしょうし、過去の反省から来ることもあるでしょうし、持っている知識から「今」判断して、「するべきこと」の優先順位は決められていきます。

そして、すべての人生は「するべきこと」という内容によって構成されています。外界で何が起こっていようが、それだけは間違いありません。

4

chapter 3

# しなやかなリーダーは、why から what を導く

「するべきこと」がたくさんあると、頭だけが忙しくなって、行動に移せなくなる人がいます。私はこの状態を「ワイワイ暴走」と呼んでいます。脳だけがワイワイしているのです。

## Whyだけを考えても行動に移せない

認知脳の役割はとにかく、行動の内容を明確にして、実行させていくことです。いつでもどこでもWhat（何を）こそが最終的に大事なのです。

「するべきこと」があるというと、少し重たい感じを受ける人がいるかもしれません。常に**「何かすることがある」**と言い変えてもいいかもしれません。何をするかを考えるために、反省があったり、目標設定があったり、外界配慮があったりします。

しかし、一方で認知脳はWhy（なぜ）を考えます。「なぜ」を考え、原因を分析し、何をするべきかを割り出していくというわけです。

つまり、**WhyをAreえるのはWhatのため**なのです。

ところが、Whyばかり考えてWhatにいきついていない人も多々います。

なんでそうなの

どうしてこうなの

と、そればかりを考える人です。

私はこの状態をワイワイ暴走と呼称しています。

脳がワイワイしていますが、結局何をするべきなのか、何をしなければならないのか、何をした方がいいのかにいきつきません。この認知脳が陥りやすい状態は、心をノンフロー状態にしてしまいます。答えの出ないことに「何で何で」と意味づけを起こし、暴走しているのです。

認知脳はそんな暴走を起こしやすいのですが、本来は「何をするのか」を明確にするための機能が認知脳のはずです。What のために Why は大事ですが、Why だけを考えるとワイワイだけに脳を使ってしまいます。

繰り返しますが、最後に What にいきつくことが大事なのです。

そして、何をするのかが明確になれば実行です。逆をいえば、実行するには何をするのかが明確になっていなければできないはずです。

「原因と結果」という考え方は日々の生活、ビジネス、スポーツにも存在しています。原因、すなわちWhyを考えることが、この認知脳による結果に支配された世界では常に必要なのです。**原因を考えるのは、誰かを責める、責任を負わせるためのものではなく、よりよい結果を導いていく**ためです。

しかし、**原因と結果の間にはある重要なものがあります。それが行動**です。原因が結果を作るのではありません。行動が結果を生み、その原因となるところを改善した行動が、更なる結果を変化させていくという構造なのです。

ですから、WhyだけでWhatにいきついていないのでは、まったく意味がありません。Whatが原因により明確にされて、そしてその行動の内容、「するべきこと」を実践・実行して初めて結果はもたらされます。

ワイワイ暴走してしまうと、いたってシンプルなこの構造が見えなくなり、行動の内容も質も下がってしまうことになるのです。常にWhatにいきつく脳の習慣を持つことがシンプルにしなやかなリーダーだと私は確信しています。

5

chapter 3

# しなやかなリーダーは、複雑に考えずシンプルに行うことを大切にする

「するべきこと」すなわち行動の内容をシンプルに考えましょう。そして、それをシンプルに行うリーダーにこそ、人と結果はついてきます。

## Just Do It

ただそれをする。

このスポーツメーカーの言葉は、しなやかな自分のパフォーマンスを発揮する人にとって、すばらしい教えになります。心の状態、行動の内容、実行という大事な要素が組み込まれているからです。

Justはただ、すなわち、揺らがず・とらわれずの心の状態を示していて、Itこそ行動の内容です。「それ」は過去の反省や目標による計画や、今現在の外界の状況によって認知脳が決めることです。

このItこそが、常に重要で、人生はさまざまなことが日々起こり私たちにやってきますが、そのすべてはItのための情報なのです。

しなやかなリーダーは、人生の構造がこのシンプルなことで構築されていることを知っています。

いつでもどこでもただそれをやる！

「それ」は常に変化し続けるものですが、この人間のパフォーマンス構造は、どんなときも変わらず存在しているのです。何事も捏《こ》ねてやりくりしていてもキリがありません。シンプルに考えてただそれをやる。その繰り返しを自他ともにやっていける人が、魅力的なリーダーなのです。

## Flow Do It

私はこのことを別の表現として、『今「するべきこと」をする』とも言っています。今と考えることでライフスキルが発動し、まずは心を「揺らがず・とらわれず」のフローに傾かせ、そして、認知脳で「するべきこと」を明確にして、それを実践するということなのです。

『今「するべきこと」をする』のは、パフォーマンスが内容と質で形成されていることを熟知したしなやかなリーダーには必須の言葉です。

### 「するべきこと」を機嫌よく！

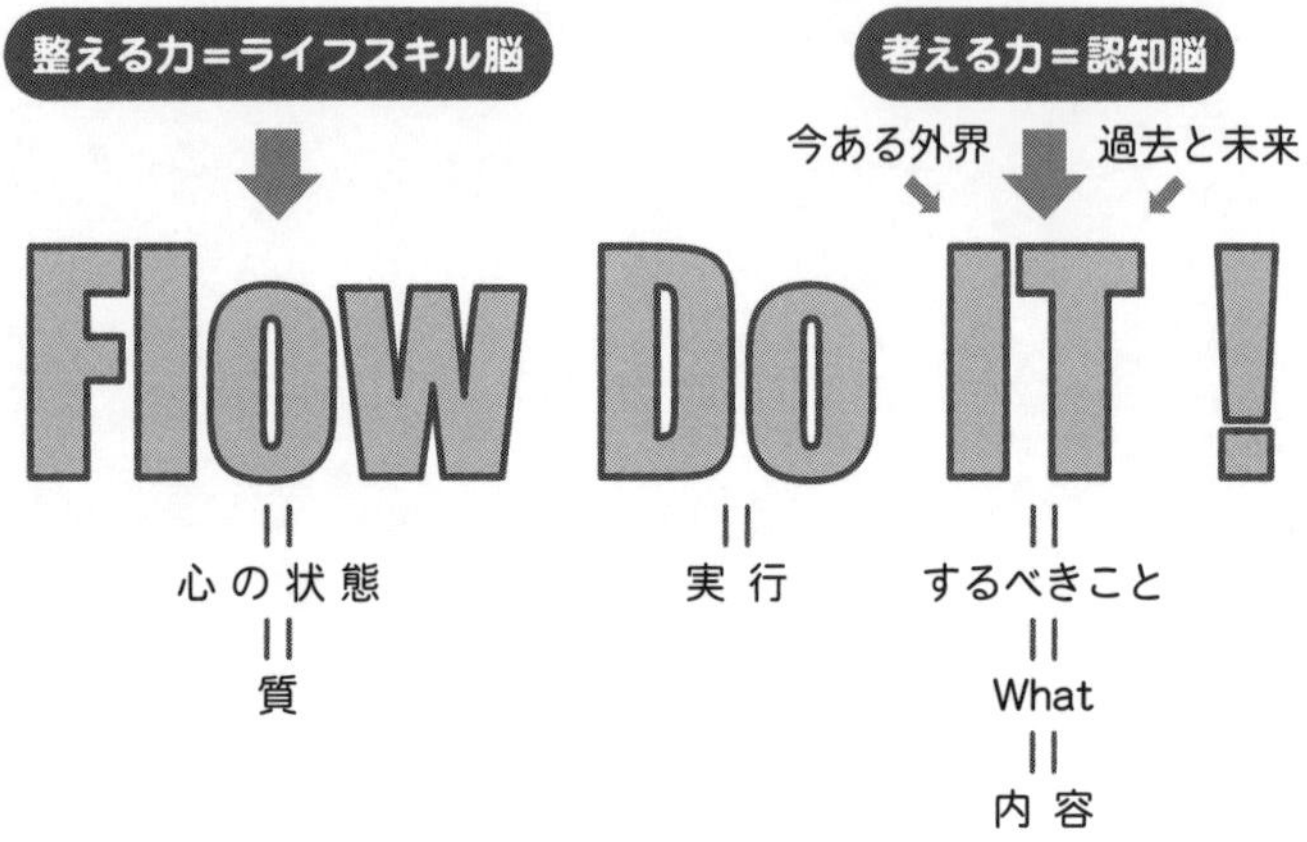


それは結局のところ、やるべきことをフロー状態で遂行することのすばらしさを表現しています。

私はそれを「Flow Do It」とも呼んで、ビジネスマンはもちろんトップアスリートみなにもメンタルトレーニングで徹底している考え方でもあるのです。

一言でいうと、**どうせやるなら「するべきこと」を機嫌よくやろう**ということです。

# 第4章

# 心を整える力

1

chapter 4

# しなやかなリーダーは、「ごきげん」であることを貫く

人には誰しも承認欲求や社会的欲求があります。しかし、そこにとらわれすぎるリーダーが常に「ごきげん」でいることは不可能でしょう。

## 自分の心は自分で決める

しなやかなリーダーは、人の心の普遍的法則を理解し、パフォーマンスには見えない質の存在が極めて重要なのだということを熟知しています。心の価値、すなわちフローであることの価値を自分事にしています。

したがって、どんなことを実行しようとも、まずは機嫌よくフローに心を整えて実行するという習慣を持っているのです。どんな行動をしていてもフローな心の状態で遂行するほうが何事もうまくいきます。充実感はもちろん、達成感をもたらすことを心から知っているのです。そのために自分の心は自分で決めるという力が高いのです。

つまり、しなやかなリーダーは、フローの価値を高く有し、**ごきげんで生きることの選択を自らの意志で貫いている**ということになります。

普通の人たちは「するべきこと」をすることや戦略や結果に夢中で、心の存在や価値を忘れてしまいます。しなやかなリーダーは、この人間のシンプルな仕組みに基づきそれを大切にしようとする。シンプルなことなのですが、多くの人はそれができません。

人間の進化の過程で、「認知脳がすべてを解決していく」という脳の暴走が私たちをシンプルさから遠ざけていくのです。

マーズローの欲求でいえば、生命欲求や安全欲求が満たされれば、そのうえに承認欲求や社会的欲求があるとされています。この承認欲求や社会的欲求は、人間の認知脳の要求によるものです。たとえば、

勝ちたい
ほめられたい
「いいね！」がほしい

などの欲求です。このような達成欲求だけで生きていると、ますます認知脳は暴走して、本来人間が大切にすべき質や心の状態が後回しになってしまうのです。それはマーズローの欲求でいえば、自己実現欲求とでもいえるでしょうか。

私は決して認知脳による文明社会を否定したいのではなく、それだけだと人間は片手落

ちなのだということです。

見えるものと見えないもの
定量化できるものとできないもの
文明と文化
量と質
行動と心
思考と感覚

両方が揃ってこそ、人間が人間らしく生きていくことができるのです。

**黙っていても、見えるものへの価値作りはせざるをえない世の中なのです。だからこそ、心の価値を意識し、その価値化を醸成していきたい**ものです。

chapter 4 ②

# しなやかなリーダーは、「ヤラされている」とまったく思わない

志は、外界に求めて探しに行ってもありません。自分の心を見つめるしかないのですが、多くの人にその習慣がありません。

## 志がエネルギーになる

認知脳の世界の行動原理は、理由や理屈を生みます。

何をするのかを考えて、それを実践するというのがパフォーマンスの王道です。

実現するうえで「動機づけ」というのが理由や理屈になります。外側にある理由や理屈を考えて、自分を動かそうとするのが認知脳のやり方です。

確かに、理由や理屈は重要です。しかし、理由や理屈だけで動いているのが人ではありません。**人は思いでも動いているからです。そのもっとも強い思いが志**です。

しなやかなリーダーは志で生きています。それは理由や理屈を超えた思いであり、その人の使命ともいえます。志とはその人のうちから湧き上がる、エネルギーとしての意志です。

つまり、自分で決めてやっているのですから「やらされてる感」がないのです。それこそが、心を大事にするしなやかなリーダーの基本です。

さてあなたの志は何でしょうか？

志は外に探しに行ってもありません。自分自身のなかにしかないのですが、多くの人はそれを見つめ大事にする習慣がないのです。志を探しに旅に出てもどこかに落ちていることはありません。あなたの志について書いてある書物もありません。まして、インターネットでググったりヤフー検索しても出てこないでしょう。自分で見つめ、自分で考え、自分で磨き創っていくしかないのです。

ちなみに今の私の志はふたつです。ひとつは、日本をごきげんな国にすることです。もうひとつは「スポーツは文化だ」という認識を持つ日本にすることです。

ひとつめの「ごきげんな国」について話しましょう。

人生には質があるんだと自分の腑《ふ》に落ちたのはパッチ・アダムスというアメリカの実在するドクターの映画を観たことがきっかけです。心がいつも質を作り出していて、時間の質や行動の質を決めているんだと思うようになったのです。そこで、どんな心の状態が人生の質にとって望ましいのかを、考えるようになりました。

パフォーマンスの側面からはスポーツ心理学に出会い、健康の面からはスポーツ医学に出会いました。人生の質をもたらすのは間違いなく心で、私はそれを日本語で「ごきげん」だと感じたのです。それ以来、ごきげんな人、ごきげんな試合、ごきげんな練習、ごきげんな演奏、ごきげんな家族、ごきげんな会社、そしてごきげんな国を私のできる範囲で目指したいと思ったのです。そこには理由や理屈を超えた思いのようなものがあります。なぜ、といわれてもわからないエネルギーです。

ふたつめの「スポーツが文化」について話します。

私はスポーツが大好きなので、このスポーツが文明や体育、あるいは勝利至上主義のなかに押し込まれて、その本来の存在価値である文化性を失っていることに私はがっかりしています。

文化とはカルチャーで、語源はラテン語の「colere」の「耕す」という言葉からきています。つまり、文化とは「耕されて人間として豊かになる」活動の総称です。ならば、スポーツこそ文化だというのに、体育の日と文化の日が分かれているこの国は何なのかと思います。

## 自分は何を大事にしているのか

嘆かわしさと憤りのなかから、私の志は生まれました。『スラムダンク勝利学』を上梓できたのは、原作著者である井上雄彦先生が私の志に共感してくれたからだと思っています。

志は、自分が大事にしていること、あるいは自分にとっての価値基準から生まれます。心や質の価値に気づき始めるころから、志で人は動かされているとわかってくるのです。するとこを見つめるようになり、自分は何を大事にしているのか、自分にとっての価値はどこにあるのか、などを考えるようになります。認知脳だけで生きることと一味違ったバイブレイナー（91ページ）としてバランスよく生きていけるようになるのです。

chapter 4

# しなやかなリーダーは、意味づけで感情を損ねない

上司が怖い、同僚が嫌い、部下が苦手。これらはすべて意味づけです。意味づけをなくすのは不可能ですが、この意味づけに気づくだけで、心はフラットになるでしょう。

## 感情に気づくとは、自分自身に気づくこと

心を重んじる社会力の高い人は、自分を内観することのすばらしさを知っています。**心や質を重要にして自分のパフォーマンスを向上して、自分らしく社会のなかで生き抜くライフスキル脳を「社会力」**と私は表現しています。社会力は、気合いとか根性とか頑張るとかいうようなものではなく、自然体に生きるために自らの心をフローに導く脳機能です。

**社会力のある人は、内観とくに自らの感情に気づく力**を有しています。心の状態を唯一感じとるための表現が感情です。自らの感情に気づく習慣が、現代の文明社会ではまったくありません。さまざまな心の状態を表現する感情を人間は感じます。

楽しい、苦しい、不安、安心、ワクワク、ドキドキ、満足感、がっかり、達成感、後悔、嬉しい、ウザい、むかつき、怒り、やばい、など感情を表現する言葉は何百とあるでしょう。心の内側にはいろいろなことが感情として起きているのです。感情に気づけることは、自分自身に気づけること、心に気づけること、質に気づけることです。

これは、社会力の基礎といって過言ではありません。感情に気づくようにするだけでも、

外側に向かって暴走しがちな認知脳とのバランスをとることになり、フローな状態で何かをやることができるようになります。

理由、Things To Do、目標、原因だけを考えていると、それに翻弄され、ノンフローになるのです。

## 意味づけに翻弄されるな

気づきのもうひとつの柱は「意味づけ」です。

人間は認知脳の進化した生き物ですが、認知脳は心にとってあるやっかいなことをする機能を有しています。それが意味づけです。言葉を使う生物は人間だけですが、言葉が生まれて以来、人間は意味の生き物としてこの地球で君臨しています。この地球上で起こるすべてのできごとは本来、意味などついていないただの「できごと」です。

しかし、人間だけがそれに意味づけをします。意味づけにより行動をうながそうとするためです。それにより人間だけが文明を発達させてきました。人間だけがさまざまな感情を朝から晩まで覚えているのは、この認知脳による意味づけの機能によってもたらされているのです。

朝5時を早いと意味づけるのは人間だけです。電車に乗り遅れてくそーっと意味づけるのも人間だけ、雨がイヤ、アイツは嫌い、試合に負けてがっかりする、すべて人間だけに起こります。

**意味づけしない人間を作ることはムリですが、この意味づけに翻弄されている自分自身に気づく**ことはできます。自身のなかにある脳の意味づけと心の感情状態に気づけるのです。

となると気づくべきは、今ここにある真実に気づくことです。真実とは事実（環境、できごと、他人）に、対応・対峙・接触して意味づけをしている自分に気づくことです。

自分自身には脳と心があって、今この瞬間も脳は何らかの意味づけを起こし、さらに何らかの感情が今ここに生じている、これらすべてが「今ここにある真実」です。

認知脳は外界の意味づけで忙しいので、この真実に気づくことはできません。外界に存在する意味の付いた事実が真実だと思っています。

しなやかなリーダーは意味づけした自分や、どのような感情が自身のなかにあるのかに気づいています。つまり、「今ここにある真実」に気づく力があるのです。

だから、事実や意味づけにふり回されず、あるがままの自然体で「するべきこと」を実行できるのです。

4

chapter 4

# しなやかなリーダーは、プラス思考に頼らない

意味づけの仕方はその人の人生や経験から生まれるので、容易に変えることはできません。何ごともプラスにとらえるのは、疲れるうえに、次第に辛くなってくるでしょう。

## プラス思考の欺瞞

しなやかなリーダーは意味づけで捏《こ》ねたりしません。意味づけで捏ねる人間固有の最高の知恵といわれているのがプラス思考です。しなやかなリーダーは前向きです。

しかし、プラス思考で捏ねくり回すことはしません。ただあるがままの事実を受け入れ、心を整えて、何をするべきなのかを明確にして、それを質高く実行していきます。

つまり、それが生きることであり、働くことでもあると思っているからです。どんなこともそもそも意味など付いていません。人間だけが意味づけを起こして、「意味ダルマ」を転がし苦しくなっています。そこでプラス思考の人は、その意味づけをプラスにすることで心を保とうとします。

確かに、プラスの意味づけをすることで心の状態はプラスになり、結果的に前向きになることもあるでしょう。しかし、どんなこともすべてプラスの意味づけをしていくことなどできないのです。意味づけはその人の経験によって生まれたその人固有の意味づけなので、簡単に変えることなどできません。となれば、そこには**自分自身に対する嘘が根底にある**はずです。意味づけをムリやりプラスにしていくのですから気合も要ります。

**頑張ることは悪くありません。しかし、それ自体を美徳にするリーダーは疲れていきますし、チームに強要するようになるでしょう。**人は自分がやってきたことしか人には伝えられないし、自分がやってきたことを人に求めるからです。

「頑張るリーダー」はしなやかな人を育て、しなやかな組織を生み出すことはできないのです。フローで生きることは前向きに生きることでもありますが、**前向きに生きるのとプラス思考で捏ねて頑張るは違い**ます。社会力の高い前向きのリーダーは、あるがままを受け入れ、頑張るのではなくしなやかに生き抜いているのです。

そんなリーダーになりたくありませんか?

そんなリーダーのもとで働きたくありませんか?

そのためには、ライフスキル脳を磨き社会力を持って生きていくしかありません。

5

chapter 4

# しなやかなリーダーは、過去や未来にとらわれず「今すべきこと」に集中する

未来のことを考えすぎると、不安と心配がてんこ盛りでやってきます。結果、目の前の仕事の効率は明らかに下がるでしょう。

## ＰＤＣＡのリスクをヘッジする

結局、しなやかなリーダーは心の存在と価値を重んじて、機嫌のいいことに価値を見出し自分のものにしているのです。自分の機嫌に価値を持たない人が、周りの機嫌まで大事にしようとは思わないからです。

しかし、機嫌の悪い人でも、機嫌の悪い人といたくありません。自分の不機嫌を棚に上げている人が少なくないのです。

そういう人は、

「自分の機嫌が悪いのは周りのせい」

「周りの機嫌が悪いからやってられない」

などと言って、自分の周りに強力な不機嫌ウイルスをまき散らします。

まずは自分自身の機嫌を価値化し、自分のために自分の機嫌をとってフローな生き方をすべきです。この事が本当に価値化されているのなら、周りの人も機嫌よくなるよう「支援の力」（6章参照）を磨いて人に接していくようになります。

なぜなら、老若男女すべての人のパフォーマンス、つまり「生きる」とは何をどんな心で行うか、ということの構造で成り立っているからです。それは自身も例外ないですが、周りにいる人もまったく同じなのです。

さて、自分の機嫌を自分でマネジメントできるには何が大切なのでしょうか。自分の機嫌という宝物を保持し、自ら創り出すには何が必要なのでしょうか。

社会力には、今に生きる力と考える力が必要です。人間の認知脳はPDCAサイクルを回し続け、過去や未来に脳が奔走《ほんそう》しています。過去は変えられないので、過去のことを考えると心の状態にはとらわれが生じてしまいます。この状態を少しでも切り替えて、自然体の自分にすることが重要です。過去にとらわれていたことにいち早く気づいて、今に生きると考えてリセットする。思考で過去を断ち切って今「するべきこと」をさせるのです。「今」に生きると考えることで、過去暴走が断ち切られて「今」への集中感が増し、フローな感じを導くことになるのです。

一方で、PDCAサイクルは未来に思考を飛ばします。目標を明確にして計画を立てようとするからです。その事によって「するべきこと」が明らかになるからです。しかし、**未来はわからないので心はノンフローになるリスク**があります。

わからないものに頭を突っ込むと、不安と心配と焦りとビビりと緊張とがてんこ盛りでやってきます。揺らぎの状態なので、何をしていてもパフォーマンスの質は低くなります。そこで、「今に生きる」とリセットして、「するべきこと」に向き合います。

過去や未来のことを思っていけない、という意味ではありません。過去思考、未来思考は心の状態にとってリスクがあるので、そのリスクを少しでも回避しながら切り替えていくことが大切なのです。

「俺は今なんだよ」

「まず今ここ」

「今に集中」

など、今を想起させる思考で過去未来暴走を鎮静化して心のフロー状態を導く思考習慣が大切です。

## 一生懸命の楽しさ

また、**認知脳は結果に執着します。そのため、結果の楽しさを原動力としがちです。**

**しかし、結果の楽しさは刹那《せつな》的でコントロールできない楽しさ**です。ただこの楽しさはとてつもなく魅力的で私たちを翻弄します。勝ったら楽しい、うまくいったら楽しい、終わったら楽しい、儲かったら楽しいと。

その瞬間は楽しいですが、また次が始まります。この一瞬の楽しみだけで生きていると苦しくなります。苦しさはノンフローな感情ですから、パフォーマンスと生きるの質は低下します。すると、ますます結果は出にくくなり、「結果さえ出れば」とますます悪循環に陥ってしまうのです。

そこで社会力のある人は「一生懸命を楽しむ」習慣があります。人は、もともとどんな人も一生懸命が楽しいということを感じる遺伝子が備わっています。その証拠に子どものころは、誰もがみな一生懸命を楽しんで生きていたのです。

ところが、次第に認知脳という文明脳に支配されて、「結果の楽しさ」でしか生きられなくなります。

「一生懸命が楽しい」ということは特別なことではありません。そのことを自らに思い出させるために、そう考えることが大切なのです。

もちろん「するべきこと」はあります。しかし、一生懸命を楽しめるようになると、そよ風のような楽しいフローな風を自ら吹かせることができます。外界は何も変えずとも、思考だけでフローでごきげんをもたらすことができます。

**大きさでは結果の楽しさに負けますが、自ら吹かせたこの「小さな楽しさ」は質という見えない財産を私たちの人生にもたらしてくれる**のです。自分の人生を質高く保つためには必須の思考習慣です。

仕事を一生懸命にやりましょう、仕事を楽しんでくださいというのではなく、「一生懸命を楽しむ」という思考習慣をまず身につけましょう。

6

chapter 4

# しなやかなリーダーは、表情・態度・言葉で気持ちを切り替える

失敗した部下が笑っていたらあなたはどうしますか？　「あんなことがあったのになぜ笑うんだ」と叱りますか？

## レジリエンスとは

レジリエンスという言葉が人生のスキルとして、最近聞かれることが多くなりました。簡単にいうと「切り替え力」でしょうか。時間はいつも流れていて、過去から未来に進んでいます。さまざまなできごとが次から次に起こって、それに対処し続けていくのが人生です。その都度新しい「今」を生きて行動しなければなりません。

ところが、多くの人が過去を引きずったまま、「今」を対処しているのです。人間だからそれは仕方のないことでもあるのですが、早く切り替えることで人生の質を高めていけるはずです。

切り替え力も、しなやかさの秘訣です。外界が変化して切り替わるのを、多くの人は願っています。

「早くいいことないかな」

「雨止まないかな」

などと願うのは要するに、外界が変わることによってしか切り替われないのです。

**外界に依存するのではなく、自ら自分の心にフローな風を吹かすことができれば、それ**

**こそがレジリエンス**といえるでしょう。失敗があってもそこから学び学習して成長進化してくことが、フローな生き方です。

そのために重要なことは、セルフマインドマネジメントできる脳の力（ライフスキル脳）が必須です。これまで述べてきたライフスキルも、すべてレジリエンスにつながるものばかりです。

切り替えのできる人は外界に頼らず自己ツールを大事にして、新しい今の心を創り出そうとします。自己ツールとは表情・態度・言葉です。

人の心は表情次第、態度次第、そして言葉次第で変化します。もちろん、環境やできごとや他人などの外界の影響も受けます。しかし、しなやかなリーダーは、表情で、態度で、言葉で心を整えるのです。

一流のアスリートが笑顔でいるのは、嫌なことがあってもいち早く切り替えるために、「次の今」のために表情を大事にしているのです。

## ミスが続く人の考え方

しかし、自分の心を整えるために、表情を大事にする人は意外に少ないでしょう。1日眉間に皺を寄せて、仕事をしたりゴルフをしたりしている人も多いのです。

**「次の瞬間」の質は、自分でクリエイトできる**チャンスがあるのに、それを放棄しているというわけです。

態度も同様です。下を向きたくなるときも、ため息をつきたくなるときももちろんあるでしょう。それを我慢しましょうというのではなく、新しい次の瞬間のために、態度を意識してもいいのではないでしょうか。どんなに苦しくても、空を見上げる、深呼吸をする、胸を張って堂々とする。

レスリングの吉田沙保里選手がいつも笑顔でいると感じるのも、フィギュアスケートの羽生結弦選手がどんな時も堂々としているように感じるのもそのためです。ふたりは嫌なことがないのではなく、切り替えて「次の今」のために自らの心を創る習慣があるのです。

引きずる人は、

「あんなことがあったのに何笑っているんだ」

「あんなことがあるのにそんな態度でいいのか」

と、**過去の失敗を「今」に持ち込もう**とします。

言葉も同じです。言葉次第で心の状態は変わります。イチロー選手がインタビューにゆっくり答えているのは、自分自身の耳にどんな言葉を入れるのかを大切にしているからなのです。

表情・態度・言葉は誰でもが保有している便利なツールです。優れたアスリートのものではなく、すべての人が持っています。

これらを自分の心の状態のために使えば、レジリエンスは鍛えることが可能です。

7

chapter 4

# しなやかなリーダーは、他者への尊重・応援・感謝で自分の心を整える

ライバルの失敗を願い、メンバーを上から押さえつけて罵倒する。そういう質の低い思考から生まれた質の低い行いは、自分のパフォーマンスに返ってきます。

## 相手へのエネルギーが自分の心に返ってくる

しなやかなリーダーは、自分の心を整えるために他者に「与える」発想を持ちます。一方で、多くの人は、他者からもらうことで自分の心を整えようと考えます。これが、「欲しい」という発想です。これでも、確かにフローになります。

「ほしい、ほしい、くれない、くれない、もっと、もっと」と認知脳は考えてノンフロー状態を起こします。**「欲しい」発想は他者依存**なので、心の作り方としては不安定なのです。

だから、自ら与えましょう。人間は他者からプレゼントをもらってもフローになる一方で、プレゼントをあげてもフローな方向に心の状態は傾きます。

この現象を「フォワードの法則」と呼びます。与えることで人は心にエネルギーを自ら生み出すことができるのです。**自分発信のエネルギーなので安定性が高い**のです。さらにここでいう与えるものはモノやお金ではなく、エネルギーをさします。

他者にエネルギーをもたらす3大思考が尊重（リスペクト）、応援（チアア）、そして感謝（アプリシエイト）です。

これらの思考は相手のためと考えがちですが、実は自分のためです。

もちろんエネルギーを与えるのでリスペクトされた人、応援された人、そして感謝された人はフローになります。

一方で、リスペクトしている人、応援している人、そして感謝している人も実はフロー状態になるのが大切です。この発想が、フローの好循環を生み出すことになるのです。

大切なことは、**与えることが犠牲ではなく、自分自身のためなのだ**ということを理解することです。この「社会力を行使して生きている」ことが、本書でお伝えしたいリーダーの生き方なのです。

セルフマインドマネジメントの基本にこの「与える」発想があります。

# 第5章

# 指示する力

chapter 5

# しなやかなリーダーは、指示と支援のバランスに気を配る

「うちのメンバーはいうことを聞かない！」。そんな不満をこぼしてイライラする前に、自分の指示の出し方を見直しましょう。

## 指示と支援がパフォーマンスを左右する

チームマネジメントのなかで、内容へのアプローチを「指示」、心の状態へのアプローチを「支援」と呼びます。しなやかなリーダーはこの指示と支援のバランスがいいのです。

指示は、具体的かつ明確なものです。すなわち、認知脳的なアプローチです。

しかし、指示過多になると、周りにノンフローな人を生み出します。**支援なき指示はノンフロー状態**に転化しやすいのです。それは組織のパフォーマンスを低下させ、鬱状態の人を招く組織風土になります。

一方で、**支援に基づいた指示はバランスがよい**のです。

私が大好きなバスケットボールでいえばタイムアウトの際に、優れたコーチはこの1分間のなかで必ず的確な指示と支援を与えます。残り時間とこれまでの試合内容から、次のプレイと今後の試合展開に必要な「するべきこと」を的確に指示するでしょう。

一方で、指示が曖昧であれば、パフォーマンスの内容や戦略は確定できません。選手たちのパフォーマンス内容は向上しないでしょう。

また、選手たちの心の状態も、揺らぎととらわれのノンフロー状態になります。パフォーマンスの質が悪くなり、プレイの効率は上がりません。


日々の生活のなかで、他者との関係のなかで、この指示と支援のバランスは常に存在しています。しなやかなリーダーは、常日頃から他者との人間関係のなかで指示と支援のバランスを意識しています。

自分の認知脳とライフスキル脳を、磨き続けているのです。

同章では指示力について述べ、6章では支援力につながるコーチ力を詳しく解説したいと思います。

**認知脳による指示とライフスキル脳による支援のバランス**

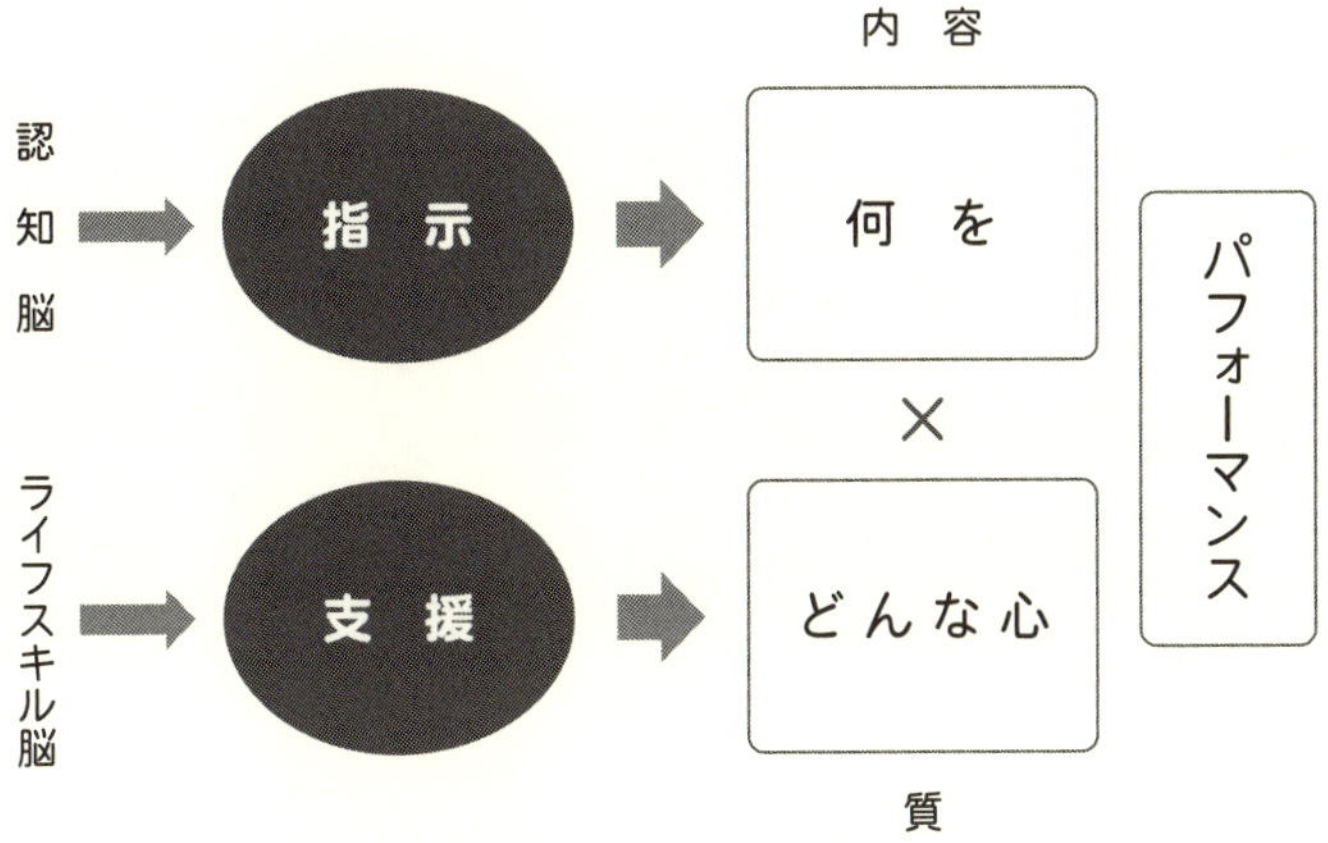

②

chapter 5

# しなやかなリーダーは、「何となく」行動しないため「伝える力」に秀でている

「自分だけわかっていればよい」。こういうプレイヤー時代の考え方はさっさと捨てましょう。リーダーは伝えることができて、はじめてチームは機能します。

## 伝えられなければリーダーではない

指示するには伝える力が必要です。

「するべきこと」・目標・戦略・行動のルールは、語らないと伝わらないのです。さまざまな人間関係のなかで「するべきこと」を認知脳として指示することが多々あります。特に指示は、行動の内容に関するものなので、周りや相手の認知脳に働きかける必要があります。何をしなければならないのか、その理由と理屈と意味を、わかりやすく伝えることが指示の基本です。人は意味で動いている生き物ですから、その意味を正確に伝えてあげることが何よりも大切です。

そのために、自身がなぜその行動をするのかについて原因を考えたり、それが何につながっていくのかということを見出し、伝えることが必要なのです。まずは**自身がそこを突き詰めて行動していないと、人に説明することなどできません**。いつも何となく行動している人が、周りの人を納得させて動かすことなどできないのです。

一方で、自分はわかっているけれども伝えることができない人もいます。それでは、周りのパフォーマンスを引き出す真のリーダーとはいえません。

つまり、しなやかなリーダーは、自身ができるだけでなく、他者に語ることができないといけません。それが、伝える力です。

それをすることの意味や意義
なぜそれをする必要があるのか
それをすることが、どのようなことにつながって、どのような結果を生み出すのか

これらを考え言葉にしていかなければなりません。黙っていてはその力は磨かれないでしょう。

ただしゃべるのでもなく、感情を語り合うでもなく、起承転結を意識した話をすることが重要です。字数や時間を決めて話をする練習をしなければなりません。普段からそれを意識する会話をしていけば、誰でもがその力は伸ばすことができます。

3

chapter 5

# しなやかなリーダーは、指示のバリエーションに富んでいる

最適な指示を出すためには、自分の指示の幅を広げなければいけません。そのためには、自分の思考の幅を広げなければいけません。

## 「するべきこと」を指示するために

「するべきこと」を指示するために大事なことは、目標を意識して現状と過去を分析する力です。つまり、ＰＤＣＡサイクルを回して常に「するべきこと」を模索する力です。自分の経験や知識だけでは「するべきこと」のバリエーションに限りがあります。指示力を高めるためには、その幅を広げる努力が必要なのです。**誰も正解などわからないなかでも、「するべきこと」のバリエーションを多数提示して、最適な指示を選び出す**のがしなやかなリーダーです。

バスケットボールでいえば、タイムアウトで多くの選択肢のなかから、最適なソルーションを指示できる者が優れたコーチでしょう。

そのためには常に学んでいなければなりません。自分の指示の幅をひろげるために、自身の思考の幅を広げるのです。さまざまな人の意見を聞いて、それを素直に受け入れて、知らないことを知りましょう。考えられなかったことを考え、行動しなかったことを行動して体感から知恵を育みましょう。

4

chapter 5

# しなやかなリーダーは、目標だけではなくビジョンを提示する

目標を語るだけでも、チームの優先順位や役割分担は決まってきます。そこに、ビジョンが加わればもっと方向性は決まりやすくなります。

## ビジョンが行動の優先順位を明確にする

しなやかなリーダーは、ビジョンを明確に提示できます。

**ビジョンは目標と目的によって描かれる適切な未来像**です。目標だけではダメです。なぜそれをやるのかという目的がよく理解されたうえでの将来像がチームには必要です。目標を明確に指示し、そこに存在する使命などの目的もはっきりと言葉にして伝えることが、指示力のひとつです。

目標だけを語るリーダーは多々います。もちろん、目標が明確になるからこそ、「するべきこと」がはっきりするのですから、リーダーとしては大切なことでしょう。しかし、それでは不十分なのです。**目標と同時にビジョンを語れば、周りのパフォーマンスはもっと向上**します。

ビジョンや目的は、目標に比べ定性的なところが多いので、ややもすると目標だけでビジョンと安易に考えられてしまうのが残念なところです。

ビジョンを明確に語ることができると、そのことによりさらにチームの行動の優先順位や役割分担が明確になることにつながるのです。

パフォーマンス内容を高めるための認知的な指示は、相手に優先順位を考えさせ、それぞれに役割分担をはっきりさせます。心の状態と違う視点で、認知脳的に周りのパフォーマンスを向上させる指示力のあるリーダーを目指していきましょう。

5

chapter 5

# しなやかなリーダーは、「行動」と「人格」を区別して指示を出す

リーダーがメンバーをしかっても、それはその人の人格を否定したわけではありません。しかし、多くのメンバーは「人格を否定された」と受けとります。

## 区別できないメンバーには配慮が必要

私たちの多くは、自分の行動と人格を分けて考える習慣がありません。行動について指示されると、それは人格そのものへの指摘だととり違えます。指示が厳しいものであるほど、傷ついてしまうのです。指示するのは、行動の内容についてであって、人格や心について述べているのではありません。

しかし、受け止めるほうがそれを分けられないと、自分はダメだと思ったり、傷ついたりします。だからこそ、分けて受け止めてもらえるような指示をするリーダーを目指すべきです。指示は行動に向けられたものであって、相手に対してではないということをきっちり伝えていくことが、しなやかなリーダーには求められています。

したがって、指示の内容は行動の内容を改善するためのシンプルな発言であるべきです。**相手自身を根本から変えさせようという指示は、メンバーを深く傷つける**可能性を有しています。

### 「指示力」に「伝える力」は必須

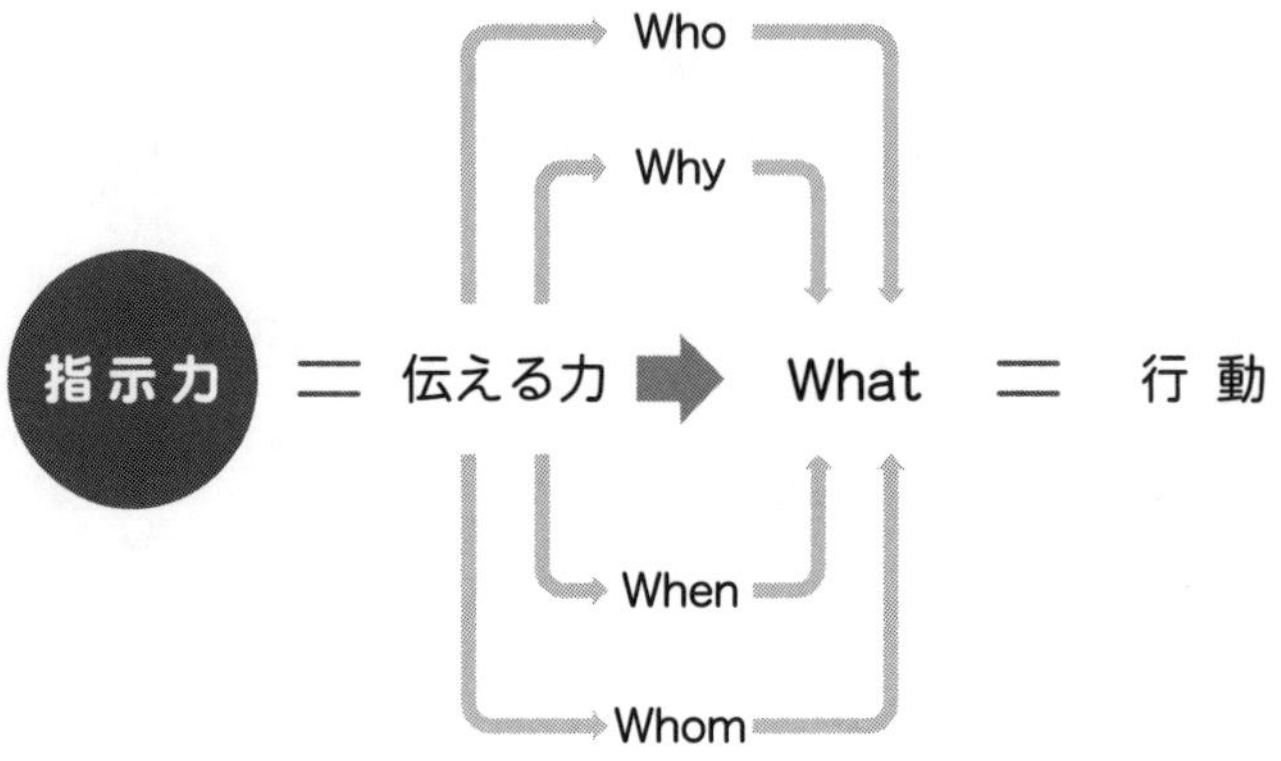


元々、完璧な行動をとれる人などこの世にはいません。だから、指示する・指示されるのは人間社会では当たり前です。

それは、相手の行動に対するただの助言や指摘なのです。

**行動への指示を、心に持ち込むことの悪影響を意識・思考**させてあげましょう。

そのことがシャープな指示力を磨いていくことになるのです。

chapter 5

# しなやかなリーダーは、「指示しない指示」を行う勇気を持つ

メンバーが間違った方向に進まないように、指示を出すのもリーダーの役割です。しかし、メンバーに任せて口を出さないでいることも指示なのです。

## 自分で考えさせることで育てる

指示することはリーダーにとって大事です。

チームが何をしたらいいのかわからない場合、行動の内容を指示することはもちろん重要です。

しかし、相手のパフォーマンスを引き出すために、あえて何も言わず、自ら考えるように指示することもまた大切です。この「指示しない指示」をすることは勇気がいります。

自らのフローなくしては、この「指示しない指示」は簡単ではありません。そこには自分をフローにするだけでなく、相手を信じる力が必要です。

自らのフローと相手への信頼を合わせて、「指示しない指示」をすることが人を育てることになるのです。インディアンの長老はそうやって人を育てるのだと聞きます。長老型リーダーとしてまず思い出すのが、バスケットボール漫画『スラムダンク』（井上武彦／集英社）の安西監督です。時々、示唆を与えるような指示はしますが、基本的には信じて任せ、選手たちに考えさせます。

もちろん、それは投げやりでも、無責任に突き放しているのでもありません。見守っているのです。

この「指示しない指示」を行うリーダーのもとでは、同漫画の湘北高校のように、選手たち自らが考えて「するべきこと」を実行していく自立型のチームが育ちます。そのようなチームになるとメンバーも育ちますし、お互いを助け合おうとするチームワークも醸成されます。安西監督こそ、「指示しない指示」の上手なリーダーのひとりだと私は確信します。

結局は、**考えることをうながす指示こそが本物の指示**なのかもしれません。

**責任をとる姿勢を貫きながらも、「自分で考えてください！」**と指示できることが、しなやかなリーダーの指示力なのです。

# 第6章

# 心を支援する力

1

chapter 6

# しなやかなリーダーは、当たり前のようにメンバーを支援する

自分がしてほしいことを人にしてあげる。こんな単純なことでさえ、人はなかなかできないものです。ただリーダーにこの「支援力」は不可欠です。

## 「苦手な人」にも支援はできる

日本では昔から、自分がしてほしいことを人にしてあげなさいとか、自分がしてほしくないことを人にしてはいけない、などの道徳観があります。

まさにそれは経験から生まれた人間の普遍的な法則です。支援力とはまさにこの「してほしいことをしてあげる力」なのです。

本来、どんな人にもこの支援力は備わっているはずですが、なかなか実行できません。なぜなら**他者に何かしてあげようとすれば、他者に意味づけ**が起こるからです。それを阻害する脳機能もまた私たちに備わっています。それが認知脳です。

たとえば、簡単な支援をするにも

「なんでこんな奴に」

「この人にどうして」

「助けるのは恥ずかしい」

など、ノンフローの嵐が吹きます。困っている人を助ける、こんな単純なことが私たちはできないのです。

また、人は「知識を裏切る」という仕組みを誰でもが有しています。

「知識を裏切る」ときとは、簡単にいうと、

「するべきことだと知っているのに、それができない」

ときです。誰にも覚えがあることでしょう。大切なのは、**知っていてやらないとき、自己正当化しようと自身の心がノンフロー状態**にあることです。

そこで知識の裏切りに気づいて、フローの風を吹かせて遂行する習慣が大切になります。

支援力を磨くには、まず自分自身をフローに保つライフスキル脳が必要なのです。自らのマインドマネジメントができずして、周りをフローにするための支援ができるはずありません。

支援力のあるしなやかなリーダーは、やはり何といってもフローの価値が高く、自身の

フローをマネジメントする社会力が高いのです。そして、周りをフローに導くためにもライフスキル脳を発動させる声掛けが上手です。


「とらわれているぞ」

「感謝すれば気分がよくなるぞ」

「表情を大事にしよう！」


などなど声掛けによって、周りのライフスキル脳を高めます。

そのためには、自らのライフスキル脳を磨くことが大切です。そこで培《つちか》った体感や経験が声掛けに生きてくるのです。心のための脳機能は、自他のなかで連動して影響し合っているのです。社会力を磨くことが支援力を強固なものにしていくというわけです。

さらに、周りをフローに導くコーチ力という生き方について述べていきたいと思います。

コーチ力まで磨いて実践できるようになれば、人間関係の信頼貯金も高まり、人間関係の質は間違いなく向上していくようになります。そして、そのことは「ミラーの法則」（周りへの働きかけが、自分の心への働きかけとしてはね返ってくる法則）により、また自分に戻ってくるという最高の好循環が生まれてくるのです。

2

chapter 6

# しなやかなリーダーは、メンバーの感情と考えをいったんは受け入れる

人は自分をわかってくれる人には、協力をおしまない生き物です。わかってあげるには、まず「聴く」ことが重要です。

## 「わかってくれている」は関係構築の土台

人は「わかってほしい」という本能に満ちあふれています。何をわかってほしいのかといえば、自身の感情と考えです。行動の制限は人生において多々存在しますが、感情と思考は自由なはずです。この自由を謳歌するためにも人はわかってほしいのです。「わかってもらえない」というのはこの自由を奪われて束縛されることになります。だから、わかってもらえないと人は、ノンフローになるのです。

今、心の病が多いのも、わかってもらえない環境にいることが多いからかもしれません。

子どもも親や先生にわかってほしい
親も子どもや先生にわかってほしい
先生も校長先生や親にわかってほしい
お父さんもお母さんや上司にわかってほしい
お母さんも子どもや姑さんにわかってほしい
上司も部下やさらに上司にわかってほしい

部下はお客さんや上司にわかってほしい

以上のように、「わかってほしい」「わかってもらえない」でノンフローの連鎖が起きているのです。

さて、「わかってあげる」には聴いて伝える力が必要です。まずは聴かない限りわかってあげることは不可能です。コーチングで耳にする「傾聴」のような高等なものは必要ありません。

人はわかってほしいのですから、どんな感情、どんな考えをわかってほしいのか聴くしかありません。こっちが聴いただけでは、わかってもらったのか相手はまだ不明なので、「わかった」と伝えてあげることが重要です。

この「わかった」というのはagree（同意）ではありません。understand（理解）のほうです。共感ばやりですが、すべての感情を共感するのではありません。また、違う考えでもそれに同意するのでもないのです。**違ってもいいし、反対でもいいのですが、一端は受け入れて分かったと伝える力が支援には必要**なのです。そうすれば、相手はフローになるでしょう。

もしまったく違ったり、別のことを伝える必要があれば、それはきっちり指示すればいいのです。あくまでも「わかってあげる」は心のためのアプローチであって、人間関係がそれだけで構築されているわけではありません。

だからこそ、常に指示と支援のバランスが大事なわけです。ここでのコーチ力は周りをフローに導くための姿勢を指します。「俺はわかっている」と自分で言っても意味がありません。あくまでも相手がわかってもらっていると感じて、はじめて相手のフローがやってくるのです。

あの人は「わかってくれる」という人間関係の構築は実に重要で、そのことによりフローな関係が生まれ距離感は確実に近くなっているはずです。「わかってあげる」生き方は支援の基礎でもあり、人間関係の忘れてはならない鉄則でもあるのです。

3

chapter 6

# しなやかなリーダーは、結果を恐れずメンバーを信じる

仕事が遅いメンバーをしかるのは誰でもできます。「時間の幅」を持って人に接することが、周りをフローに導くのです。

## 「見通す」とは時間の幅を持つこと

「見通す」とは時間の幅をもって接することをいいます。**時間の幅を持たずに人に接してしまうと、相手はノンフローに**なります。やろうと思っている矢先に、「まだやってないのか！」と言われると余計にやりたくなくなるのが人間です。時間の幅をもって接され、その瞬間だけを見て評価されたり、指示されるのを人は嫌うのです。

「どんな経緯で今こうなってるんだ」

と言われれば、人はノンフローになることなくやる気も出るでしょう。

時間の幅を持って人に接するには、「結果」よりも「変化」を見てあげることが必要です。変化は、大きく分けてふたつあります。

ひとつは**「成長」**です。成長を見てもらっているとメンバーが感じると、相手との関係の質は高くなるはずです。

もうひとつは、**「可能性」**です。可能性は、今から未来に向けての時間の幅を指します。今この瞬間だけよりも、成長を見てくれて可能性を信じてくれるリーダーに人はついていくのです。

逆に、結果しか見ないリーダーは、人をノンフローに導きます。**結果しか見ない人の特徴は比較思考が強い**ということです。結果しか見ない人は時間の幅を持たないので、相手の価値を何かと比べて価値化しようとします。

人は比較されるととてつもなく嫌な気分で、ノンフローになるのです。企業や組織のなかではこの「見通す」力を持つリーダーが乏しいため、心の病にすら陥るメンバーが多いのです。これは、人事評価だけの話ではなく人間関係の支援の話ですから、どんな人にも重要なライフスキル脳といえるでしょう。

待つ・見守る・信じる、という言葉がリーダーの条件にしばしば登場します。これらは、**時間の幅をもって人に接することができる人だけが持つ支援力**なのです。日頃から意識してメンバーの成長や可能性を見るようにしていくと、他者に対しての時間の幅が脳のなかで形成されてくるようになります。

そういうリーダーは、チームのパフォーマンスをいかんなく発揮してくれるようになるでしょう。

4

chapter 6

# しなやかなリーダーは、恥ずかしげもなくメンバーを愛する

「期待してるぞ」と言って、メンバーの肩をぽんと叩く。本人にとっては応援のつもりでしょうが、メンバーにとってはプレッシャーでしかありません。期待と応援は違います。

## 「期待」とは自分勝手な思い込みにすぎない

愛するという言葉は日本人には若干重たい印象を与えます。しかし、どんな人も愛してほしいと思って、生きているはずです。愛なしには生きていられないのが人間です。

ここでいう愛は恋愛などの感情というよりも、**「相手がうまくいくことを自分の喜びとする」意志**をさします。つまり、相手を主役とする考え方です。しかし、もしそれが**犠牲などではなく自分自身の喜びであると思えたとき、自分も主役**になります。人は自分の目の前にいる人がこの意志を有しているのかどうかを、一瞬に見破る本能を持っています。今目の前にいる人が「相手の喜びを自分の喜びとする意志」を有しているかをすぐに感じとるのです。感じとればフローに傾くでしょうし、ないと感じればノンフローになるのです。

相手がうまくいくことを自分の喜びとする意志は、意味づけからはずれて相手に関心を持とうとすることから始まります。無関心から愛は生まれないでしょう。

さらにこの意志は応援の意志でもあります。「フォワードの法則」の項（143ページ）でも応援思考は出てきましたが、この応援の意志は相手のための意志です。

支援力に重要なルールは期待より応援です。期待は愛だと考えられがちですが、そうではありません。**期待はあくまで自分が主役**です。「期待している」と相手に言うときは、期待どおりになると、自分が得するときです。だから、期待は結果が常にともないプレッシャーがかかるのです。それは愛ではありません。

さらに期待は、自分勝手な枠組みを作って相手に当てはめる行為です。やっかいなのは期待しているほうが、それを愛だと勘違いしているケースです。うまくいかないとき、そのギャップに腹をたてて、自分も相手をもノンフローに導きます。期待は、支援からほど遠い偽の愛だといっても過言ではないのです。

期待よりまずは応援です。応援は、相手のすべてに対するエネルギーの発露です。応援の意志を持って生きることは、愛してあげることになるのです。

応援の意志は、応援すると考えることからはじまります。そして、応援は声を掛けることにより強化されていくのです。リーダーは、メンバーへの思いが期待なのか応援なのかまずは考えましょう。そして、次に応援する意識を持ちましょう。実際にできなくても、はじめは思うだけでよいのです。意識が人格を形成しているので、意識していればそのような人になっていくのです。

意識することをバカにしてはいけません。しなやかなリーダーはみな、意識の大切さに気づいています。

chapter 6

5

# しなやかなリーダーは、言葉でごまかさず行動で示す

部下の遅刻に厳しいのに、自分の遅刻には甘い。こういう言動不一致のリーダーには誰もついていきません。

## 目が7割、耳が3割

人は認知脳に情報をどのようにとり込んでいるのでしょうか。まず、五感を通じて外界と接着して情報を入手し、認知脳に伝達します。そして、意味を付け、そこから行動の内容を明らかにして、実践していくのです。

つまり、外界からの情報に影響を多大に受けているのが人間というわけで、なかでも、視覚の情報が高いのです。視覚の情報が70%、聴覚の情報が30%といわれています。視覚の情報は聴覚の倍以上あるのです。それを調整できるように瞼《まぶた》（目蓋）があり、影響を受けてしまう不要な情報をシャットダウンできるようにしている、と私は思っています。

一方、聴覚は30%といえ、耳の蓋がないので、もろに影響を受けてしまうという欠点もあるのです。

とにかく、視覚情報が人の心の状態に影響を与えてしまうことを忘れられがちです。たとえば、人は口が達者なために他者に対して「よく聴いてください」とか「いいから聞け！」などと言って話すことで指示していきます。つまり、**聴覚アプローチになりがち**です。

しかし、相手は自分を見ています。この視覚情報の影響が実は多大なのです。しなやかなリーダーは、このことをわかったうえで行動します。言っていることと、行動を一致させて相手に見せてあげるのです。**言動不一致こそ、人をノンフローに**導きます。

人は完璧ではないので、言と動を完全に一致させることはできません。しかしだからこそ、言動不一致が人をノンフローにしてしまうということを肝に銘じ、一致させようとする意思が重要です。

自分自身のモットー、価値基準、理念、哲学を明確にして実践しようとしている姿勢は、行動力を日々育てていくことになります。

アメリカのジュニアスポーツの指導者は年度の初めに親を集めて、コーチ自身のフィロソフィーを言葉にして親に伝えなければならないと聞いたことがあります。それは彼のフィロソフィーが子どもたちに多大な影響を与えるから、言動不一致がないようにあらかじめ言葉として明らかにしてもらい、ともにフローで成長していくことを望んでいるからなのです。

しなやかなリーダーは自分のモットーを言葉にします。

そして、少しでもそのモットーを言葉だけでなく行動に示そうと意識し、実践していきます。見せることの価値、見られている事の影響を考えて、周りの人と接しているのです。

6

chapter 6

# しなやかなリーダーは、一生懸命をほめ一生懸命を楽しむ

「結果がすべて」だと思っているリーダーは、不機嫌なことが多いでしょう。それは、結果の楽しさに依存しているからなのです。

## 「楽しい」の押しつけはダメ

どんな人も楽しませてほしいはずです。楽しいほうが、パフォーマンスを向上させることを体験的に知っているからです。楽しいという感情はフローの代表的感情です。楽しい感情であれば、人の機能は間違いなく上がるのです。

だからこそ、楽しくありたいし、楽しませてほしいという本能があるのです。もちろん人生も仕事も、「するべきこと」をせずに、楽をしましょうと提案しているのではありません。どうせやるなら、せっかくやるなら楽しいほうを選びましょうと言っているのです。

楽しませてあげるという支援の力は、楽しいことが悪いことではない、楽しいという感情は重要なのだと認識することから始まります。自身が楽しいということに価値を見出せなければ、楽しませることなどできないからです。

そして、「楽しい」にはいろいろあると知っていることも重要です。自分の「楽しい」を押しつけてはいけません。人によって楽しいと感じるポイントは千差万別です。**結果の**

**楽しいだけしか知らない人が、その楽しさを押しつけても、チームに楽しさはやってきません。**

さまざまな人を楽しませることのできる人は、一生懸命の楽しさを知っている人です。逆にいえば自身が一生懸命を楽しんでいる人だといえます。本来、人は**一生懸命と楽しいを共存できる能力を有している**のです。子どもの頃はみなそうです。play hard できるのが人間なのです。一生懸命と楽しいを共存している人こそが hard player です。

一方で、play の概念が欠落していると何事も do だけでやっていくので、do hard、つまり一生懸命を苦しむようになってしまいます。苦しくやっている人は、人を楽しませることはできません。

hard player の人は一生懸命をほめる力があります。一生懸命をほめられている人は、一生懸命が楽しくなります。

対して、hard doer は結果をほめます。結果をほめられた人は、次も結果を出さなければいけないので、プレッシャーにさらされ、楽しくなくなるのです。

結局、一生懸命をほめられるしなやかなリーダーは、チームに「楽しいという感情は自分自身で作ることができる」と教えることができます。

一生懸命をほめられる力こそ、支援力のひとつだと断言できます。

chapter 6

# しなやかなリーダーは、メンバーに存在価値を感じさせる

チームのなかには、いろいろなタイプの人がいるでしょう。どんな人でも、アクノレッジ（承認）できるリーダーに人と結果はついてきます。

## 「劣」のレッテルを貼られる恐怖

人は例外なく存在価値を感じたいと生きています。つながりを感じたいと生きています。それが、人間そのものの生きる意味だからです。存在価値を感じなければ確実にノンフローになります。つながりを感じることなくフローな心の状態になることは難しいです。

ところが現代社会のなかにいると、認知脳により優劣思考や評価思考が標準化しているために、自分の存在価値を失いやすい社会環境があります。普通に暮らしているだけでも、ふとしたきっかけで「劣」のレッテルを貼られてしまう危険性をいつもはらんでいるのが現代社会なのです。

**優劣は人間が作り出した認知脳による意味づけにすぎないのですが、この仕組みこそが人間をまた苦しめている**のだといえるでしょう。存在価値を失うリスクは日々、枚挙にいとまがないというのが現状です。

## メンバーを承認できる人の共通点

現代は、つながりを感じにくい世のなかです。

つながりは、感じることによって初めてフローな心の状態になります。しかし、現代社会はネットのみせかけのつながりはあっても、感情でのつながりを感じにくい環境があります。

たとえば、入院したときにＳＮＳでお見舞いの連絡が１００件来るよりも、ひとりの人が実際にお見舞いに来て、話したり笑ったりした方が、１００倍以上のエネルギーを感じ心の支えになります。共有の感情経験が人の心に強く残るのは、つながりを感じたいという人間欲求に基づいているのだと思います。

存在価値を感じてもらったり、つながりを感じてもらうような支援の姿勢をアクノレッジ（承認）と私は呼称しています。アクノレッジ力のある人はどのような生き方をしているのでしょうか。

いくつか共通点をご紹介しましょう。

まずは挨拶する力です。**挨拶は相手に存在価値を感じてもらい、つながりを感じてもらえます。**アクノレッジ力の基礎とでもいうべき大切な姿勢です。しなやかなリーダーは、礼儀として挨拶するのではなく、周りの人をフローに導くために挨拶をするのです。挨拶をされれば、どんな人も自身の存在価値を感じ、つながりを感じることができるでしょう。

次に感謝する力です。感謝されることは間違いなく、その人の存在価値を高めてつながりを感じさせることができる最高の生き方です。感謝は自身のフローだけでなく、周りの人をフローに導くことができるのです。

そして、観察して伝える力です。人は観察されて、気づいてほしいのです。調子が悪いときに誰にも気づかれないと余計にノンフローになりませんか。逆に気づかれただけで、フローな風が吹いて少し元気になることはないでしょうか。気づかれることは存在価値とつながりの原点です。気づくには観察する力が必要で、観察したことを相手に伝えることで「気づいてもらえた」と感じてもらえるのです。

観察は評価ではありません。美容院に行って髪型を変えた奥さんや彼女に「髪型変えて素敵ね！」と評価してはいけません。「髪型変えたね！」とだけ観察して伝えることが気づきの極意でもあります。

**評価は意味づけ**です。評価してほめようとするとムリが起こり、自然体でなくなってしまいます。ただ単純に**観察して伝える**ことがアクノレッジになるのです。

挨拶
感謝
観察と伝達

これらのキーワードを意識して、チームに接することが大切です。

# 終章

# これから求められるリーダー像

epilogue

# しなやかなリーダーは、「ワーク」と「ライフ」を区別しない

仕事中に家族のことを思ったり、家にいるときに仕事のことを思ったり、ワークとライフは簡単に分けられるものではありません。ムリに分けると逆に疲れます。

## 区別するから疲れる

昨今、「ワークライフバランス」なる言葉がもてはやされて、皆が関心を持っています。これは、「仕事のワークとプライベートな生活のライフを分けて考えよう」という発想です。分けて考えることで、メリハリをつけて仕事もプライベートも充実させていきましょう、ということでしょう。

すばらしい考え方なのですが、本書でお伝えしたパフォーマンスの概念からいうと、分けて考えると疲弊してしまうといえます。そんなに簡単に、ワークとライフを分けられるものではないからです。

仕事中に家族のことを考えたときは、ワークですかライフですか？

家でお風呂に入るときに仕事のことを考えたときは、ライフですかワークですか？

分けて考えていると、バランスがとれないのです。何も、仕事中に家族を思い出せとか、お風呂に入るときに仕事の事を考えましょう、と言っているのではありません。人生には生きるというパフォーマンスしかなく、それをどんな心でやっているのかだけが存在しているわけです。そんな単純に**ワークとライフを分断して生きていけない**と言いたいのです。どんな時も生きるというパフォーマンスしかないので、何をするのかを考えそれを実行することが大切です。

あまり区別してああだこうだという前に、心の状態である質を重んじて生きていこうとするのがしなやかなリーダーです。スポーツマン用のリーダーシップ、ビジネス業界に分けたリーダーシップ、教育界用のリーダーシップなど存在しません。

真のリーダーシップとは、何をするのかを考え、どうせやるなら質を決めている心の状態を大切にして生きていこう、という姿勢なのです。

私がこのことに気づかされたのは30歳を過ぎて慶應病院で内科医師として働いているときに観た前述の『パッチ・アダムス』という映画です。実在するパッチ・アダムスというアメリカのドクターをロビン・ウイリアムズが演じている映画ですが、人生には質があるのだと強烈に訴えています。

それまで質のことなど考えたこともなかったのですが、確かに人生はさまざまなことを日々行っているけれども、結局は「生きている」としかいいようがありません。生きている人は死んでいくことだけが決まっているのだということです。だからこそ、どんな心でやっていくのかの質にもっと目を向けていきるべきだというメッセージが、わたしの胸に突き刺さったのを今でも覚えています。

運がよかったのは、その感動が冷めないうちに本物のパッチ・アダムスが日本に来日して、人生の質に関する講演をされたことです。私は生でそれを聴くことができました。

ワークライフバランスは大事だと思います。しかし、それよりも生きている間、何をしていても質に目を向けて、心を大事にして、人生の質を高める生き方が自然体でよい、と思います。

epilogue 2

# しなやかなリーダーは、イキイキのびのびの場を生み出す

しなやかなリーダーは自分の「よい状態」をチームに、そして組織に波及させます。社会人である以上、目標や結果が常について回りますが、だからこそ使命や理念を大切にしましょう。

## はたらきがいは心が決める

人間の働きがいはどこにあるのでしょうか？　**働きがいは心の感じ方です。働きがいのある組織を構築するには、心の存在と価値を組織のなかに高めること**が重要です。

そのためには人のパフォーマンス、すなわちどんな仕事も内容と心の状態による質で形成されている、そのことを熟知しているリーダーが必要です。しなやかなリーダーは自身の心を、周りの心を大事にします。

そして、しなやかなリーダーは、組織でも見えないものを大切にします。目標のような認知的な指標だけでなく、使命や理念を重要にしているのです。働きがいを物質やルールで創り出すのではなく、イキイキのびのびの場を生み出すことを組織のなかで何よりも大事にするのです。揺らがず・とらわれずのフローな心で働く仕組み作りが、経営や組織マネジメントに必要だということを知り抜いています。

そして、しなやかなリーダーは組織のなかに働きがいを感じる仕組みを構築しようとします。

それは支援力を超えてひとつ高い目線のリーダー力といえるかもしれません。

では、組織にどのような仕組みがあれば、働きがいのある従業員幸福度の高い組織になるのでしょうか。

私は主に次の4つが大切だと思っています。

・使命や目的・理念を共有していくことが重要だと考えられ、そのためのコミュニケーションやシェアをするときが業務中にも存在していること
・任されて自由にチャレンジや開発、意見具申《ぐしん》ができる仕組みが存在していること
・成長感や充実感や貢献感を感じて、働いていることを評価される制度が存在していること
・互いに挨拶、感謝、思いやり、応援などの配慮が日常にある風土が存在していること

これらの仕組みを文化として創造していることが、リーダー力のある真のしなやかなリーダーです。

そのような組織はフローな一人ひとりの個人が形成しています。そして、そのような組織は一人ひとりの個人にフローの風を吹き込みます。

このような**フローの好循環の出発点に立つのは、しなやかなフローリーダー**だと私は確信しています。

# おわりに

『リーダー1年目からの教科書』、いかがでしたか？

リーダーについてわたしの考えを、書籍に書きたいという思いが今回実現して本当に嬉しく思います。少しでもたくさんの方々のお役に立てることを確信できる、すばらしい作品になりました。

さて本書でみなさんにお伝えしたいことは、大きく分けると3つあります。

一つ目は**人間のパフォーマンス、すなわちすべての人に関連する〝生きるということ〟と〝時間〟についてその普遍的な仕組みについて知る**ことです。

それは、自分を含めてあらゆる人に当てはまるシンプルな仕組みについて熟知することです。この仕組みについて知って生きるだけでも、十分リーダーとして始まるといっても過言ではありません。

すなわち、生きるというパフォーマンスは、例外なく何をするのかという内容と、それをどんな心の状態で行うのかという質で構成されている。そのことをまず知ることです。そうすれば、どうすればパフォーマンス高く生きていくことができるのかが自然に理解できます。

二つ目は、**質を創り出している心の状態を重んじる**ことの大切さです。

心の存在と価値を本当に自分のものにして生きている人は、実はまだまだ少ないと言わざるをえません。心は見えにくいですし、定量化できないので、心という漢字は書けても、また心の存在は知っていても、真に大事にして生きている人は少ないのです。

この質を決めている心の状態に目を向けて、そこを自他ともに機嫌よくフローな状態に導いていくことが、しなやかなリーダーとしての生き方を確立していくことになるのです。

そして、三つ目は誰でもが**リーダーになれるチャンスがある**ということです。

リーダーは特別な才能ではありません。脳の使い方を練習していければ、誰でもがリーダーになる資格があるのです。

ただし、それは「練習すれば」です。練習は不可能を可能にしていきます。逆に言えば、練習しなければどんなこともできるようにはならないのです。

認知脳で考え実践すること
心を整えるために気づき意識していくこと
指示するために伝えること
人間の心の仕組みに基づき支援してあげること

これらを日常の生活のなかで、繰り返していくしかないのです。繰り返していきさえすれば、誰もが知らずしらずのうちに、リーダーの素質を備えていけます。

本書を人生の教科書として手元に置いて、いつでもどこでも読んでは実践し続けていってほしいと願っています。みなさんの人生のバイブルになることを心から祈っておわりの言葉としたいと思います。

最後になりましたが、編集で多大なご尽力を賜りましたぱる出版の荒川三郎様、そしてわたしのオフィスである株式会社エミネクロスのスタッフで、たくさん快《こころよ》くサポートしてくれた齋藤由佳さんに、心から深謝したいと思います。ありがとうございます。

平成28年　春　　　　スポーツドクター　　　辻秀一

**辻秀一（つじ・しゅういち）**

スポーツドクター、産業医、株式会社エミネクロス代表。

1961年東京生まれ。北海道大学医学部卒業。慶應義塾大学病院内科、同スポーツ医学研究センターを経て独立、現在に至る。応用スポーツ心理学とフロー理論を基にした独自のメンタルメソッドは、スポーツ選手はもとより、多くの企業が採用している。セミナー・講演活動は年間200回以上に及び、経営者、アスリート、音楽家、主婦、OL、教員など、日本はもとより海外からの参加者もいるほど人気を博している。プロバスケチーム"東京エクセレンス"の創始者でもある。

37万部突破のベストセラー『スラムダンク勝利学』（集英社）、『ゾーンに入る技術』『禅脳思考』（ともにフォレスト出版）、『自分を「ごきげん」にする方法』（サンマーク出版）、『一生ブレない自分のつくり方』（大和出版）、『自分を敬え。超訳・自助論』（Gakken）など著書多数。

**リーダー1年目《ねんめ》からの教科書《きょうかしょ》**

2016年5月24日　初版発行
2019年4月5日　2刷発行

著者　辻《つじ》　秀《しゅう》　一《いち》
発行者　常塚嘉明
発行所　株式会社　ぱる出版

〒160-0011　東京都新宿区若葉1-9-16
03(3353)2835—代表　03(3353)2826—FAX
03(3353)3679—編集
振替　東京 00100-3-131586
印刷・製本　中央精版印刷(株)



ISBN978-4-8272-0992-1 C0034